ドラヨン

なぜドラフト4位はプロで活躍するのか？

田崎健太
Kenta Tazaki

KANZEN

ドラヨン

装画　藤原徹司（テッポー・デジャイン。）

CASE 1

桧山進次郎

91年ドラフト4位
阪神タイガース

一

ドラフト四位指名——ドラヨンに結果を残している選手が多いことにはずいぶん前から気がついていた。
ドラフトとは、ある時点で若者に順位をつけることだ。ドラフト一位指名は、その時点で同年代の野球少年の最前列にいると認められたことになる。その意味で、ドラヨンは、二列目以降の男たちとも言える。
五、六位よりも資質は評価されている。さりとて上位指名の選手ほどプロ入りしたときには騒がれない。じっくりと力をつける時間が与えられることが良い方向に出るのだろう。最前列の男たちを横目で見ながら、その評価を覆してきた彼らに話を聞いてみたいと思った。
ところが——。

取材の申し込みを始めてすぐにドラヨンたちは、その順位に対して複雑な感情を持っていることが分かった。

ある元選手の窓口であるウェブサイトから申し込みをすると、〈ドラフトについての取材は受けません〉という、無駄な文字を一切使わずに断るという大会があれば、間違いなく優勝しそうなメールが返ってきた。

また別の元選手には人を介して連絡をとってみた。すると「三日間、考える時間をください」と保留され、その後、断らせてくださいという連絡があった。未だにドラフトについて自分の中で消化しきれていないというのだ。そして当初、取材対象としてノートに書き込んでいた半数の名前に傍線が引かれることになった。

ドラフトに指名されるような選手は、それぞれ己の力量に自信があるものだ。同年代の選手と引き比べて自分の評価はこんなものなのかと落胆した、という過去は人生という白い絨毯にこぼれた赤ワインのようなものかもしれない。その屈辱の色は躯の奥底にまで染み込み、輝かしい成績を残しても消し去ることはできない。そんなことを担当編集者の滝川昴と話し合ったこともあった。滝川はぼくの前著『ドライチ』、『ドラガイ』の担当編集者でもある。

前著『ドラガイ』では取材の主旨を説明するとほとんどの元選手は快諾し、あっけらかんという調子でドラフトについて振り返ってくれた。四位であっても指名された方がいいのではないかとぼくは思い込んでいたが、彼らにとっては背中に重い数字が貼り付いているようだった。そして、ぼくはドラヨンにより興味を持つようになった。

しばらくして、ボールペンで傍線を引くことがなかった男の一人——桧山進次郎と都内のホテルのラウンジで待ち合わせすることになった。春らしい薄青い色のジャケットを着た桧山は細身で、軽やかな印象の男だった。

まず滝川が恐る恐る取材意図について説明した。すると桧山は、そういうことですか、と明るく言った。

「ドラヨンって、何かと注目される。当たりの順位だってよく言われますよね」

拍子抜けするほどの笑顔だった。

桧山は一九六九年七月一日に京都市で生まれている。きょうだいは長姉と学年で二つ違いの兄がいる。父親の隆一郎は、女の子に続いて男の子が二人続けて生まれたとき、飛び上がるほど喜んだことだろう。自分の成し遂げられなかった夢を叶える分身が現れたからだ。

「父は高校生のときに、京都の三羽烏って言われたピッチャーだったらしいです。（府大会の）準決勝の延長で二アウト満塁からサヨナラ押し出しをして負けた。その（相手）チームが甲子園で優勝しているんです。本当はプロに行きたかったらしいんですが、昔はプロ野球選手を職業とするのはどうなのかという風潮があった。祖父は〝プロなんか行くもんちゃう〟というので、受験で立命館（大学）に入った。そこで肩を痛めて野球を辞めた」

隆一郎が期待を掛けたのは長男の昇吾だった。

「兄は運動神経抜群で勉強もよくできる、生徒会長もやる。そんな子でした」

兄弟はまず地元のソフトボールチームに入った。桧山が小学一年生のときだった。

「六年生までいるチームで、一年生のときはライトを守っていました。今、振り返ってみたら、一年生でよく、上（級生）の中に入ってたなと思って。それも外野のライト。普通にガーンと上がった球を捕っていた記憶があります」

自分で言うのも何ですけれど、才能めちゃめちゃあったんですすと、悪戯っぽく笑った。

この町内会のソフトボールチームは、彼が六年生になるまで地元の大会では敵なしで優勝を続けたという。ソフトボールと並行して本格的に軟式野球を始めたのは、小学四年生のときだった。

「家の前の公園とかでキャッチボールやっていて、野球やりたいなぁって近くのチームに入ったんです。でも、そこはすぐに辞めて、新しく作った西院クラブというチームに移りました」

西院クラブは父が兄弟のために結成した野球チームだった。

「近所のおじさんを監督にして、父がコーチ。そして兄が友だちを誘って選手を集めた。簡単に言えば引き抜きです。そうしたらいきなり強くなった」

チームの中心は投手、兄の昇吾だった。隆一郎は昇吾のために、近くの公園の端に盛り土をしてマウンドを作った。

「ほんまは駄目なんですけどね」

桧山は笑った。

「マウンドから正確に距離を測ってベースを置き、その後ろに手作りのネットを張ったんです。

ぼくは遠投をした後、キャッチャーミットを持って、兄の球を受けてました。〝ずっとアウトローだけ構えておけ〟って言われて地面に〝正〟の字を書いては数えながら、キャッチャーミットを持っているだけ。それだけです。終わったら兄は公園を走らされるので。ぼくも一緒に走る。途中で〝もう、お前はええ〟って言われて、バットを振って遊んでました。そのころから打つ方が好きだったんです」

父の口癖は「野球はピッチャーや。ピッチャーがボールを投げんかったら野球は始まらん」というものだった。投手である昇吾の指導に力を入れたのは当然だったろう。

昇吾が中学校に進むのに合わせて、西院クラブに中学生チームが作られた。桧山は小学生ながらその中に交じっていたという。

「ぼくらの学年でも寄せ集めのチームを作っていたんです。ぼくがエースで四番でキャプテン。左中間に打たれると普通、ピッチャーはサードのバックアップに入りますよね。でもぼくは、〝どけどけ俺がやる〟ってショートやセカンドのあたりで(外野からの球を受ける)カットマンになって、そのままサードに投げてました。それで試合が終わったら、兄の試合に出る。自分の学年で野球をするよりもそちらの方が面白かった。中学生のチームに小学生がいるって、有名だったみたいです」

兄弟が成長するにつれて、父親の野球に対する情熱は膨張していく。

桧山の家は、祖父の代から始めた染織を生業としていた。隆一郎は工場の半分を閉めて、室内練習場を作っている。

「父が鉄（パイプ）を買ってきて溶接をし、緑色のネットと（球の威力を吸収するために）いらなくなった毛布を張ってくれたんです。兄は毎晩ランニングとネットピッチング。その練習が終わってから、ぼくがティーバッティング。足下にマジックで自分のスタンスと踏み込むときのステップの場所を描いて（打球を）毛布の枠の中に当てる。後は、一人で公園で壁当てをするなど色々と考えて練習しました」

二

小学校を卒業後、桧山は平安中学に進むことになった。これも父の意向だった。

「父は〝野球は平安や〟っていうのが口癖だったので」

平安中学、高校は一八七六年に浄土真宗、西本願寺系寺院の子弟教育を目的とする金亀教校から始まった私立学校である。創部一九〇八年の硬式野球部は二七年の夏の甲子園に初出場。三一年春まで一〇季連続、三五年春から三九年春まで九季連続出場している。三八年夏には初優勝。故・衣笠祥雄などのプロ野球選手を輩出している、古豪である。

父の隆一郎は、二年後に兄の昇吾を平安高校に入れる腹づもりだった。

「（附属中学に）先に行っていた方が、早めに高校の野球部の目に留まる。そうしたら一年生からレギュラーになれるかもしれないって」

兄が三年生のとき、桧山は一年生。父は兄弟で甲子園の土を踏む姿を思い描いていたのだ。

ところが――。

「中学は二クラスしかなくて、（一学年）八〇人ぐらい。ぼくのイメージと全く違っていました。中高六ヶ月教育で、高校は特別進学クラスに進んで、国公立（大学）を目指すっていう感じでした」

この頃、京都市内の中高一貫の私立高校はこぞって進学実績を上げる方向に舵を切っていた。とはいえ、突然、全てのクラスの学力水準を上げるのは難しい。そこで平安は高校に大学受験へ注力する特別進学クラスを設置。附属中学はこの特別進学クラスと直結する存在とした。

桧山も受験前からどうも様子がおかしい、と思っていたのだと頭を掻いた。

「（小学）六年生の最後の方は毎日塾だったんですよ。日曜日もテストでした。中学校に入って、やっと野球ができると思ったら、ぼくら新一年生を入れて（全部員）が一五人。三年生が抜けたら一〇人か一一人」

それでも二年生の秋、（京都府大会の）新人戦で優勝したんですよ、と桧山は胸を張った。

「もう一人いい選手がいてそいつがピッチャー。ぼくは外野。ショートをやりたいって言ったんですけど、外野をやる奴がいなかった。一年生からセンターで一番でした」

このとき桧山は左右両打ち――スイッチヒッターだった。

「ぼくはバリバリ右利きです。小学校のときに野球を見ていたら、（広島東洋カープの）高橋慶彦さんとかスイッチヒッターが流行りだしたんです。左打ちの方が一塁まで近いので有利っていうのがあるじゃないですか。ピッチャーも右投げが多いから左の方が有利。それで父が〝お前、ちょっと左で打ってみい〟って。右では結構打っていたんですけれど、左はなかなか難しい。悔しいので練習するでしょ。試合になるとほとんど右投手なんで、左打席しか立たないんです」

そのうちに中学の監督から左打ちに専念したらどうかと言われた。

「例えば、一日二回バッティング練習があると左右一回ずつしかできない。左だけだったら二回できるじゃないですか？　父も左でええんちゃうかって。それで左一本になった」

授業終了後、野球部の練習。帰宅すると夕食をとり、二一時頃から自宅横の室内練習場で父と兄との練習。家族全員、野球漬けの毎日だった。

桧山が中学二年生に上がったとき、予定通り兄が平安高校に入学している。

「（兄は）色んな高校から来ないかって声を掛けられたみたいです。でも父は、やっぱり野球は平安、でした。伝統的に平安はバッティングと守備はいいけれど、ピッチャーが弱い。ピッチャーが良かったら絶対に甲子園へ行けるって」

桧山によると、兄は高校二年生頃には主戦投手となっていたという。当時の監督は西村進一だった。一九一九年生まれの西村は平安から立命館大学に進み、三九年に大学を中退して名古屋軍に入団。これは中日ドラゴンズの前身にあたる。四三年、軍隊に召集。戦地で右手首を失い、選手としての道を断たれた。戦後、平安の監督に就任し、全国優勝に導いた。その後、龍谷大学の野球部監督を務めていた時期もある。

「そのときに龍（谷）大のピッチングコーチ、誰かおらんかっていう話になったらしいです。その頃、丁度父が（大学に近い）伏見に住んでいたので、コーチを依頼されたんです」

そうした関係だから当然、口を挟みたくなりますよね、と桧山は苦笑いした。

「父からすれば野球は高校だけじゃない、大学、そしてプロという道がある。高校生の段階では〝真っ直ぐだけでええ。せいぜいカーブや〟っていう考え。確かに兄のストレートは速かった。それでも高校レベルになると真っ直ぐだけではなかなか抑えられない。ある日、兄が家に帰ってきて〝もっと変化球を投げろって（監督に）言われた〟と」

それを聞いた父は、〝誰の息子に言うとんねん〟と声を荒げた。

「（父は）監督にも（変化球は）投げさせへんって言ったんです。将来を考えたら、早い時期から変化球を投げさせないという考えは分かるんです。でも現場は勝ちたい。監督の方も（桧山の父に）腹立っていたと思うんです」

その後、兄の調子が落ちた時期、コーチの助言でサイドスローを試したことがあった。当然、父は激怒した。

「夜中にコーチに電話して〝こらぁ、誰の息子をサイドスローにさせてんじゃー〟ですよ」

そして「下（の子）は平安に行かさへん。（当時の強豪校である）京都西（現・京都外大西）に行かす」と凄んだという。もちろん、下の子とは桧山のことだ。

人生において才能は必須だ。ただ、それだけでは不十分である。才能が芽吹くには、運や巡り合わせが必要である。兄には、それらが欠けていた。

昇吾の同級生に江坂政明と小島弘務という二人の投手がいた。江坂は神戸製鋼を経て九一年のドラフト二位で近鉄バファローズに、小島は駒澤大学を中退し住友金属から九〇年のドラフト一位で中日ドラゴンズに入っている。昇吾はこの二人の陰に隠れる形になった。

八五年四月、桧山は平安高校に進んでいる。しかし、夏の府大会ではベンチ入りさえできなかった。兄はベンチには入っていたが、三番目の投手という扱いだった。平安は府大会決勝で花園に三対四で敗れ、甲子園出場を逃している。

この大会で兄は一度も登板の機会が与えられなかった。それでも力を買っていた関西の大学から推薦入学の話が届いていたという。しかし、勉学に自信があった兄はその誘いを断り、一般入試で大学を目指すことにした。そして野球から離れた。

三

夏の府大会後、新チームになると桧山は一番、遊撃手として試合に出場している。二年生春の府大会では準優勝、夏に期待を持たせる結果だった。

ところが——。

一回戦で格下の南京都戦には七対二で勝ったものの、二回戦で京都西に〇対五で敗れた。

「ぼくが二年生のときの一学年上、三年は層がめっちゃ厚かったので（甲子園に）行けるかと思っていたんです。平安はその時点で夏は一〇年ほど甲子園から遠ざかっていたんですけれど、優勝候補には常に名前を上げられていました。ただ、公式戦になると弱かった。（平安の）暗黒時代です」

暗黒時代には慣れていたんですと、後のプロ野球選手時代を仄《ほの》めかして笑った。

長期に渡って結果が出せない組織というのは、歯車がどこか狂っているものだ。夏の府大会が終わった後、監督の西村が退任。軟式野球部を率いていた北村健一が監督となった。しかし、北村は国体に出場した軟式野球部に付き添うために、新人戦は監督不在で戦っている。サインを野球経験のない部長が出したこともあったろう、すぐに敗退。北村が監督を務めた春季府大会も二回戦で負けている。

そして桧山は高校生最後の夏の府大会を迎えることになった。ポジションは遊撃手、打順は三番だった。秋、春ともに冴えない成績ではあったが、潜在的な能力を買われていたのか、平安は優勝候補の一角に挙げられていた。

「ぼくは甲子園に行けると思っていました。それまで練習試合で他府県の強豪校とやりましたが、ヒケを取らなかったんです。中京（高校）の後藤とも試合した記憶があります。チームとしてまとまりがあったので、ピッチャーが頑張ってくれれば可能性はあると」

桧山と同じ年の後藤孝次は八七年のドラフト会議で読売ジャイアンツから二位指名を受けることになる。

楽観的だったのは、有力校と準決勝まで当たらないという組合せになったこともある。

「初戦の洛星に勝てれば、その後は全部コールド勝ちで行けるという抽選やったんです」

洛星は、東京大学や京都大学などに多数の合格者を出す、京都府のみならず全国でも屈指の進学校である。平安にとっては与《くみ》しやすい相手のはずだった。

ところが――。

「初回に一番バッターがライトにいい当たりを打ったんです。（洛星のライトが）ショートバウンドで獲ったように見えたのがアウトって言われた。二番バッターが強烈なサードライナー。三番のぼくは右中間を抜いた三塁打コース。（三塁で）セーフだと思ったのにアウトって言われてチェンジ」

これで平安は出鼻をくじかれた。この後、洛星が押し気味に試合を進めた。そして七回裏、洛星が二死三塁から内野安打で一点を先制した。

〈七回に1点を奪われた平安ベンチは八回、代打を送った。好投していた洛星・今西は勝ちを意識してストレートの四球。「よし、行ける」。北村健一監督は、すかさず代打に高塚を出し、手堅く送りバント。三ゴロで二死後、北川、桧山の「負けられない」気迫が今西を動揺させ、連続死球で二死満塁とし、古豪の執念を見せた。

しかし、続く四番バッター稲葉は体が硬直したように動かず見逃しの三振。走者を返すことができなかった〉(『京都新聞』一九八七年七月二二日)

○対一、二安打完封負けという結果だった。

古豪・平安の試合には、熱心な卒業生たち、支援者たちが駆けつけていた。進学校である洛星に負けたことで、観客席から罵声が飛んだ。

――お前ら、平安の恥じゃぁ。

――頭で負けてるのに、野球でも負けやがって。

洛星の投手、今西信隆と桧山は中学時代にも対戦経験があった。後に今西は東京大学に進み、東京大学野球部の七〇連敗を止め、通算二〇〇勝を挙げた投手となる。

三年間で一度も甲子園出場できなかったことは、桧山の進路に影響を与えることになった。

「東京（の大学）、それも六大学に行きたいと思っていたので、平安の先輩がいた法政のセレクションを受けました。兄とは違ってぼくは野球推薦で行きたかった。勉強は中学で燃え尽きていましたし」

府大会敗退の直後、七月中に上京し、法政大学野球部のセレクションを受けたという。

「一ヶ月以上も返事が来なかった。向こうからしたら、甲子園組と天秤を掛けていて、甲子園が終わるまで待ってくれっていう感じだったのかもしれません。こちらから返事を催促すると、〝じゃあ、いりません〟って」

平安の監督、北村の母校である亜細亜大学からも誘いもあったが、桧山が選んだのは東洋大学だった。

「一個上の先輩が東洋（大学）に行っていたこともあり、九月に入って個別に東洋の練習に参加させてもらったんです」

ところが――。

東洋大の野球部監督、高橋昭雄は桧山の顔をしげしげと見て、なぜ来たのだと首を傾げた。

「すでにセレクションは終わっていたんです。もうショートはいるからねぇ、みたいな。ぼくは（学業の）評定平均は良かったので（スポーツ推薦で）法学部に入ることが出来ました」

野球部員はスポーツ推薦で経営学部に入学するのが通例だった。他の部員と学部が異なるため、入学後の桧山は単位取得に苦労することになる。

東洋大学は、翌春卒業の有望高校生を多く確保しているのだと聞かされた。

「東亜（学園）の川島（堅）、常総（学院）の島田（直也）、そしてPL（学園）の野村（弘樹）。甲子園を沸かせたエースがみんな東洋に来るっていう話だったんです」

一一月一八日、一九八七年度新人選手選択会議——ドラフト会議がホテルグランドパレスで行われている。桧山はこの中継放送を観たというかすかな記憶が残っている。

この年の注目選手は立教大学の長嶋一茂だった。長嶋をヤクルトスワローズと横浜大洋ホエールズが一位指名、スワローズが交渉権を獲得した。

また、高校生選手の当たり年でもあった。東洋大学に入ると聞かされていた川島には、広島東洋カープ、阪神タイガース、近鉄バファローズの三球団が一位指名、カープが交渉権を獲得している。その他、西武ライオンズが浦和学院の鈴木健、ロッテオリオンズが尽誠学園の伊良部秀輝、読売ジャイアンツがPL学園の橋本清、中日ドラゴンズがやはりPL学園の立浪和義、そしてホエールズが川島の〝外れ一位〟として函館有斗の盛田幸妃を一位指名している。

川島と同様に東洋大学に入るはずだった野村はホエールズから三位指名されていた。彼らは全員、プロ入りを選択している。さらに常総学院の島田はドラフト外で日本ハムファイターズに入った。

前述のように、ジャイアンツが二位指名した中京の後藤孝次とは練習試合で対戦したことがあった。同級生たちが憧れのプロ野球の球団から指名されるのを見て、悔しく感じていたのかという問いに、桧山は首を振った。

「ぼく自身はまだそんなレベルではないって思っていました。(高三の夏、府大会の)一回戦で負けているんで。ただ、高校にスカウトが見に来ていたというのは後から知りました」

自分も四年後にはここで名前を呼ばれるようになろうと桧山は強く思っていた。しかし、入学早々、その思いは粉々に砕かれることになる。

四

一九二二年創部の東洋大学野球部は東都大学野球リーグに所属し、広島東洋カープの達川光男、西武ライオンズの黄金期を支えた松沼博久、雅之たち、多くのプロ野球選手を輩出している。

「初めて東洋のレギュラーのボール回しを見たとき、これは違う、やばいって思いました。入学前年の秋季リーグで（東洋大学は）優勝。四年生にロッテ（オリオンズに入った）山下（徳人）さんたちがいたんです。そして、山下さんたちがいなくなって、がくっと戦力は落ちた。監督は同じ実力だったらフレッシュな一年生を使うというのが口癖でした。二月、三月のオープン戦で入学する前の一年生を一番、三番、四番、五番に並べたんです」

その中に桧山は入っていない。

「推薦（入学）で一四人か一五人、その中でもホンマに監督が欲しいと獲りに行ったのは五人ぐらい。こいつらは（一年生から）ずっとレギュラー張ってくれるだろうと。ぼくはたまたま枠が一つ空いていたから、入れていただいたというだけ」

桧山が閉口したのは、厳しい上下関係だった。

「走らされて、四年生からいじられて。ずっとそんな感じでした」

それでも桧山には運があった。

当時、東洋大学野球部ではレギュラー組の選手たちは午後から、それ以外の選手は午前中の練習となっていた。監督は午前中、四年生の進路相談などに忙殺されており、グラウンドで目を光らせるのは午後のみだった。

ある日、高橋が午前中の練習を視察することになった。

「一年生は監督が来てくれるほうが嬉しいんです。四年生のいびりがなくなるから。ただ、声は

（いつも以上に）出さないと先輩に怒られる」

このときバッティング練習をしていた桧山に高橋は目を留めた。

「〝あれ、誰だ。面白いバッティングをするな〟みたいな感じだったようです」

桧山は午後の練習にも参加するように命じられたのだ。そしてBチームの一員として守備練習にも参加するようになった。春季リーグの最終節、駒澤大学戦で一番三塁手として先発起用され、二安打を放っている。しかし、その後が続かなかった。秋季リーグ戦でも主に代打として出場しているが、主力扱いではない。東洋大学自体も成績が振るわなかった。秋季リーグで最下位、入れ替え戦で國學院大學に敗れ二部に降格している。この試合結果に桧山の名前はない。

「秋はほとんど（試合に）出ていないんじゃないですかね。入学したときから今年は危ないって言われていたんですよ。前年の秋に優勝しているのに落ちるかもしれないって。それで一年の秋にがーんと落ちた」

二年生の春季リーグは、同級生の投手、谷口英功が投打に目覚ましい成績を残し、一部復帰を決めた。

谷口は浦和学院時代、西武ライオンズに入った鈴木健と共に二年生の夏の甲子園でベスト四。高校三年生の夏は、優勝候補の一角に挙げられていたが、初戦で伊良部秀輝のいた尽誠学園と対戦し、二対五で敗れていた。

「谷口が打って投げての大車輪でした。谷口が一人で二部から一部に上げたようなものです。ぼくは試合に出してもらっていたんですけれど、ヒット四本しか打てなかった」

ほとんど全試合に出ているのに四本しか打てなかったんですよ、と首を振った。

この頃の桧山は長打を捨てていたという。

「ぼくは小柄やったんで、篠塚（和典）さんタイプの安打製造機を目指していたんです」

篠塚は銚子商業から七五年のドラフト一位で読売ジャイアンツに入り、首位打者のタイトルを二度獲得した巧打の内野手である。桧山は篠塚モデルのバットを使用していた。

「何打数なのかは分からないですけれど、最終戦まで二本しかヒットを打っていなかった。最終戦で二本打って、計四本。打てないので毎日、監督に捕まって〝貴様、この野郎〟って」

監督の罵声を浴びながら、連日二時間ものバッティング指導を受けた。思わず反抗的な顔をすると、分かっているのか、この野郎みたいな感じですと、桧山は首をすくめた。

「春のリーグ戦の間は、ずっとそんな感じでした。夏（休み）になったら家に帰れるでしょ。もう毎日監督に捕まるのは嫌や。どうしたら監督から逃げられるんやろうって。このままやったら夏の合宿が思いやられる。何かを変えないといけない」

そんなとき、目に入ってきたのがテレビで中継していた読売ジャイアンツの試合だった。

「岡崎（郁）さんのバッティングに釘づけになりました。でかい選手の中で岡崎さんは小さいのに、フルスイングしている。もう滅茶苦茶強く（バットを）振っている。やっぱり小柄な選手でもフルスイングせなあかん、振らなあかんって。そこから頭を切り換えた」

後年、実際に岡崎と会ったとき、それほど小柄ではないと知った。岡崎の身長は一七八センチ。ジャイアンツの選手たちが大柄なため、テレビの中では相対的に小さく見えたのだ。

ともあれ、この思い込みが桧山の人生を変えることになった。京都の実家に戻った桧山は、父親の作った室内練習場でバットを振り続けた。

「もうフルスイングしかない。躯（の大きさ）は関係ない。素振りも目一杯、（室内練習場の）バッティングも目一杯。（岡崎と同じジャイアンツの）吉村（禎章）さんのバッティングスタイルも参考にしました。実家から寮に戻り、夏合宿が始まったらほとんどホームラン。自分でもびっくりですよ」

桧山は中、長距離打者としての自分の特性に目覚めたのだ。

「高校時代もレフト方向にホームランは打っていたんです。でも大学に入った瞬間、すごいバッターがいるから、俺は篠塚さんみたいなんかなと思った。身長もないし、躯が細かった。ヒットを沢山打つ方で勝負しようと。そういう固定観念で自分で自分（の才能）を閉ざしていた部分がある。フルスイングができるようになって打球が飛ぶようになった。自分の良いところが出てきて、バッティング練習から場外ホームランを放り込むようになった。（練習場のネットを越えた本塁打で）車の窓ガラスを割ったこともあります。そのときは監督が自腹を切って弁償してくれました。そのあたりから監督が全員集合ってバッティングケージに集めて〝桧山のバッティングを見てみろ〟って」

叱られる対象から模範生になったのだ。

一部に復帰した秋季リーグ初戦となる青山学院大学戦、桧山は五番三塁手として起用された。続く國學院大學戦からは四番に打順が上がっている。この秋季リーグで東洋大学は五位と振るわなかったが、桧山は打率四割三分六厘で首位打者、三塁手としてベストナインに選出されている。

そして最上級生となった九一年の春季リーグで東洋大学は七季ぶりの優勝を成し遂げている。

六月二二日から神宮球場で開催された日米大学野球選手権大会にも出場。初戦のメンバーはこうだ。一番、浜名千広（東北福祉大学）、二番、桧山、三番、金本知憲（東北福祉大学）、四番、町田公二郎（専修大学）、五番、三輪隆（明治大学）、六番、伊藤博康（東北福祉大学）――さらにベンチには大阪商業大学の三年生、佐伯貴弘が控えていた。

翌日の『日刊スポーツ』はこう報じている。

〈雨の中、ネット裏にはスカウト約15人が駆けつけた。

「アメリカの投手は最高速140キロは出ているし、スライダーやナックルなどそれぞれ決め球を持っている。全日本は1番から6番までのドラフト上位候補が実にうまく打っているね。特に三輪はよくバットが振れているよ」と日本ハム三沢編成部長〉（一九九一年六月二三日）

前出の選手は全員がプロ野球球団に入ることになる。ただし、それぞれドラフトで付けられた数字——順位は異なることになったが。

五

東都大学野球リーグを代表する長距離打者となった桧山の元にはプロ野球球団のスカウトが訪れていた。

「一二球団みんな来られてました。その頃は就職先としてみるので、好き嫌いではなくて、自分がレギュラーになれるか。つまり、ポジションが空いているかどうか、ですよね。ぼくは正直（三塁手の）守備があまり上手くなかった。プロに入ったら外野に行きたいなというのがあった。中学までは外野をやっていたから、楽勝やろみたいな」

もちろん人気球団か、そうでないかも選択材料となる。

「まず巨人は選手層が厚いから、きついなって。セ・リーグだとヤクルト（スワローズ）、大洋（ホエールズ）はええなって思っていた。パ・リーグならばダイエー（ホークス）。ちょうどダイエーに（勢いが）出てきたときだったんです。あとは華がある西武（ライオンズ）。この四つに行けたらええなって思っていました」

一一月二二日午後五時五分、新高輪プリンスホテルで一九九一年度のドラフト会議が行われた。桧山は同じくドラフト指名の可能性があった同級生の徳田吉成と共に監督室で待機することになった。大学に新聞記者の姿はなく、記者会見の準備もなかったという。

「マスコミからしたら誰が一位になるかって大体分かっていたから、ぼくのところには来なかったんでしょうね。一位はないやろって」

翌年に行われるバルセロナオリンピックのため指名凍結されていた選手がおり、圧倒的な目玉となる選手は存在しなかった。その中、注目を集めていたのは投手では駒澤大学の若田部健一、東北福祉大学の斎藤隆、日本大学の落合英二。野手では関西学院の田口壮たちの大学生だった。

予想通り、一位で若田部にホークス、ジャイアンツ、カープ、ライオンズの四球団、斎藤にホエールズとドラゴンズ、田口に日本ハムファイターズとオリックス・ブルーウェーブが重複指名した。それぞれ若田部はホークス、斎藤はホエールズ、田口はブルーウェーブが交渉権を獲得した。そしてドラゴンズは落合、カープは町田公二郎を外れ一位として指名した。

若田部、落合とは東都大学リーグで対戦して、互角以上の勝負をしたという自覚があった。また、町田は日米大学野球選手権大会の同僚でもある。

「当時は〝剛の町田、柔の桧山〟って言われていたんです。剛の町田がまず選ばれたっていう感じです」

一位に続き、二位指名に入った。しかし、桧山の名前は呼ばれない。

「ぼくは守備的な不安があるから、一位は掛からへんやろなっていうのがあった。二位もなかった。でも三位までには入るやろうっていうのがありました」

頭に浮かんだのは、実家にいる両親たちの姿だった。

「テレビ中継があったのは三位までだったんです。関西で親や身内、友だちがみんなテレビを観ている。テレビが映っている間に指名されたいって。選択希望選手、誰誰って自分の名前を呼ばれるのをテレビで観たいじゃないですか」

すると一緒に待っていた徳田がファイターズから三位で指名された。

「おお、良かったなって。そうしたらテレビが終わった」

テレビを切ると監督は桧山に「お前、どうする」と訊ねた。

「もう関西に戻ります」

すると監督は「関西ならば社会人（チーム）から二つ来ているぞ」と教えられた。自室に戻って、社会人野球でもう一度プロ野球を目指そうと気持ちの整理をしていた、そのときだった。

——桧山さん、桧山さん、監督室まで。

館内放送が流れた。急いで監督室に行くと、阪神タイガースから四位で指名されたと教えられた。「嬉しいという気持ちはありました。ただ、（ドラフト指名を）掛けてくれたことに対する喜びと、三位以内でなかったというプライドを天秤に掛けると、プライドが邪魔をしていた方が大きかった。四位か、みたいな」

監督は「良かったな。ドラフトに掛けてくれて」と言った後、桧山の心中を察したのか「行くか、行かないかは自分で決めろ」と付け加えた。

桧山は〝外れ四位〟だった。タイガースは足寄高校の三井浩二を指名したがホークスと競合し、くじを外していた。

この年、九一年のドラヨンには興味深い面々が揃っている。ブルーウェーブの四位は鈴木一朗、後のイチローである。その他、近鉄バファローズの四位は中村紀洋、カープの外れ四位は金本知憲だった。

ちなみに三井はこの年にプロ入りせず、社会人野球を経て二〇〇〇年のドラフトで逆指名制度を利用して二位でライオンズに入っている。

「親にも上位（指名）じゃないと行かへんとはっきり言ってました。親は親で、うちの息子は東都で頑張っているから三位ぐらいまでには入るやろって思っていたんです。電話して〝四位に掛かったわ〟って言うたら、〝ああ、そうか〟みたいな」

三位以内に指名されなかったことで心が揺れたのだろう、この日の記憶は曖昧である。ただ、タイガースの担当スカウトだった今成泰章が寮に挨拶に来たことは覚えている。

「監督は今成さんと仲が良かったんです。電話ごしに〝明日ぐらいに挨拶行きたいんですけれど時間ありますか〟と今成さんが話しているのが聞こえてきた。そうしたら監督は〝馬鹿野郎、桧山怒ってんだ、今すぐ来い〟って言ってくれた。後から考えれば、今成さんの家は東武沿線で、帰り道だったんでしょうけど」

東武東上線の鶴ヶ島駅に近い東洋大学野球部の寮に今成が着いたのは、その日の夜のことだった。

「行くとか行かないとかいう話はしていないと思います」

桧山の心に引っかかっていたのは、四位という指名順位に加えてタイガースが長らく低迷していたことだった。

タイガースは八五年のリーグ優勝の後、翌八六年こそ三位に留まったが、その後は八七年から九一年までの五シーズンのうち、最下位が四度、五位が一度。文字通り、セ・リーグの底辺に貼り付いていた。

そんな桧山の背中を押したのは父親だった。煮え切らない桧山にこう言ったのだ。

「同じ関西に帰って来るのならば、社会人よりも（プロの）阪神の方がええ。お前、小さい頃から阪神ファンで育ってきたんやろ。最下位ばっかりっていうのは逆にチャンスがあるっていうことや。小さい頃、阪神に入ることを夢見ていたわけやろ。お前が入って阪神を強くしたらええやないか」

自分がタイガースを強くしたらいいという言葉に桧山ははっとしたという。

「冷静になってみれば、阪神は外野のポジションも空いている。バッティングは自信があるし、外野の守備も中学生のときまでやっていた。これ、いきなり一軍で活躍できるなって」

生来、楽観的な桧山はいかに目立つかを考えるようになった。

この年のタイガースのドラフト一位は、大阪桐蔭高校の萩原誠だった。地元出身、甲子園でも注目された長距離打者に、熱狂的な関西のメディアが殺到していた。そこに桧山はドラヨンの気軽さから、割って入ろうとした。

〈萩原君、ちょっと待った。阪神・ドラフト4位指名の桧山進次郎内野手（東洋大）が二十九日、京都市右京区の実家で久保スカウトのあいさつを受けた。「小さいころから掛布さんのファン」という桧山は、「もし頂けるなら、ありがたく頂きます」と「31」番襲名に遠慮気味な1位指名萩原に代わって名乗りを上げた〉（『デイリースポーツ』一九九一年一一月三〇日）

桧山はこの報道には少々間違いがあるという。

「貰えるならば、嬉しいですって言ったはずです。そこは謙虚にしていました」

タイガースを熱愛する人たちの頭には、八八年に引退した掛布雅之の幻が残っていた。彼がつけていた背番号三一は欠番となっており、引き継いでくれる若き好打者を探していたのだ。

入団記者会見では「巨人がオロナミンCなら、阪神はリポビタンDのようにファイト一発の精神で頑張りたい」とジャイアンツの選手が出演していたテレビコマーシャルを使って、笑いをとった。

背番号「三一」は萩原が、桧山は「二四」となった。

「ぼくは二桁の番号をつけたいと思っていたんです。そしたら二四が転がり込んできたからラッキー、なかなか良い番号がもらえたな、みたいな感じです」

セ・リーグの最下位を彷徨《さまよ》っているタイガースならばレギュラーを簡単に獲れるだろう、そう思っていた桧山はキャンプ入りと共に自分の考えが甘かったことを知る。

七

九二年のタイガースは、一軍、二軍共に高知県安芸市営球場でのキャンプから始まった。桧山は二軍に回された。

「もう走攻守全てが違いすぎる。例えば肩の強さ。自分ではそこそこ肩は強いと思っていたんです。自分が最初にノックを受けて送球してみると、その後の先輩たちが投げる球筋が比べものにならない」

守備位置も大学生と比べるとかなり後方で、内野手まで距離があった。

「地肩の強さじゃなくて、足を使わないと（内野手まで）投げられない。足の運びとか考えないと肩や肘を痛めるなって」

実戦に近い練習に入ると、飛んで来る球の強さにも辟易した。

「打球の勢いが違う。フライがとんでもないほど上がる。レベルの違いにびっくりして、力の差を感じましたね」

そんな桧山に守備を教えたのは、一軍外野守備走塁コーチの島野育夫と二軍の外野担当コーチの切通猛だった。二軍の練習が終わると特守――守備特訓の時間になった。

「毎日でした。一軍の選手が一人とぼく、あるいはぼく一人。切通さんがノックをして、島野さんはずっと後ろからぼくを見ている。それで色々と指導してくださった」

――(打球が飛んだ瞬間に行き先が)分からないからといって、適当にスタートを切るな。

――(球は)全部片手で捕れ。

島野の指導は合理的で、理にかなっていた。

一軍出場は思ったよりも早く訪れた。九二年五月三〇日、甲子園球場でのジャイアンツ戦に六番、右翼手で先発起用されたのだ。

タイガースの監督、中村勝広は、岡田彰布、真弓明信といった八五年の優勝時の選手から世代の入れ替えを意識していたのだろう、四月に亀山努、五月から新庄剛志という若手選手を抜擢していた。

全力疾走しヘッドスライディングで闘志を躯全体で表現する亀山、若竹のように伸びやかな新庄の二人が、チームを前に押し出していた。

「桧山も行けるやろって中村さんがそこに乗せてくれたんです」

ジャイアンツの先発は斎藤雅樹だった。ジャイアンツの先発ローテーションの三本柱は、斎藤、槙原寛己、桑田真澄だった。

「ぼくにとっては（三人の中であれば）一番対応できるピッチャーだと思っていました」

しかし、第二打席の二塁ゴロで打点一を記録したものの、四打席に立って〇安打。翌日、一安打を放ったものの、約二週間で二軍に降格した。このシーズン、タイガースは二位に躍進している。桧山はタイガースの若い波に乗ることはできなかった。

翌九三年、九四年は一軍出場がそれぞれ三三、三二試合しかない。一軍と二軍を行ったり来たりするエレベーターボーイだったと桧山は口の端を上げて笑った。

そんな桧山を救ったのは皮肉にも得意の打撃ではなく守備だった。

「（試合）終盤の守備要員です。石嶺（和彦）さんや外国人選手が下がった後に起用されるようになった」

強打の外野手である石嶺は九四年シーズンにブルーウェーブからフリーエージェント制度を利用してタイガースに移籍していた。

桧山を先発起用したのは、九六年から監督となった藤田平だった。桧山は主に五番を任され、翌九七年から監督を引き継いだ吉田義男の下では四番を打つようになった。

しかし、チームの成績は振るわなかった。九二年の二位の後は九三、四年と四位を保ったものの、その後は、九五年から九八年まで、五位を一度だけ挟み、全て最下位。暗黒時代である。

桧山自身も九六年に二割六分三厘という最低限の数字を残したが、九七年、八年は二割二分台。本塁打も二三本、一五本と主軸を打つには物足りない。目に付くのは三振の数である。九六年から九八年まで一〇〇を越えているのだ。バッティングが粗い上に、それを補う得点力もなかった。

桧山はこう振り返る。

「体力はある。センスはまあまあある。でも何かが足りない。それは考えるということだったんでしょう」

しかし、桧山の進む道を指し示してくれる人間はいなかった。九八年には安打を積み重ねる坪井智哉が右翼手に収まり、桧山は左翼手に追いやられた。

野村克也がタイガースの監督に就任したのは、そんなときだった。

八

野村の野球は細かいと聞いていた。これまでとやり方が全く変わるだろう。そうした教えを受けていなかった自分たちは苦労することになる、野村の野球に合う選手と合わない選手が出て来るはずだと桧山は朧気に考えていた。

特に心配していたのは新庄である。

「ぼくは人見知りをしないので誰とも喋れるんですけれど、あいつは駄目と思ったら、全く話さなくなる。はっきりしている奴なんですよ」

九二年に新庄が一軍起用されたのは三塁手だった。その後、遊撃手を経て中堅手となった。同じ外野手になり桧山は新庄の身体能力に舌を巻いた。

「後にも先にも見たことのなかった肩（の強さ）だったですね。えげつない肩です。今のプロ野球選手でも誰もいないです。イチローの肩が強いっていいますけど、肩だけだったら新庄の方が凄いですよ」

新庄は天才肌の選手にありがちではあるが、気まぐれな部分があった。そこで野村と衝突するのではないかと思っていたのだ。

ところが、老練な野村は新庄のような選手の扱いを心得ていた。野村は新庄を持ち上げ、その身体的能力を買って投手としても起用してみたいと言い出した。

二月一日、安芸市営球場でのキャンプが始まると、新庄はブルペンで投球練習を始めている。野村は新庄の元に近寄り、下半身の使い方などを教えた。二人の間には時々笑いが弾けた。新庄は野村という飼い主とじゃれる子犬のようだった。

当時の『デイリースポーツ』を捲ると、選手たちに向けた野村の言葉が載っている。

例えば――。

新庄の投手には「あれで腕が振れたら大変な投手になりますよ。一六〇キロでも出るね」（二月四日）と評価。それまでの外野手から、三塁の守備練習をさせた若手の浜中治には「浜中のことが気になってな。『できるかな』と思っていたが…。できるような感じがあるな」（二月六日）。テレビの取材を受けていた坪井には「よう天才！　天才は何もせんでエエから楽やのう。守備もしっかりせいよ」（二月八日）と軽口を叩く、といった具合だ。

野村と距離を置いていた大豊泰昭には、しばらくしてから近寄っている。

〈「頭の上から地下室までストライクゾーンがあるのは何でや？」との問いから始まり、大豊の思考回路をズバリ指摘。「四球が嫌いなんやろ。本塁打が欲しいんやろ。それはお前の立場や。一人で野球するな！　オレ（指揮官）の立場はどうなるんや？」

性格を端的に見抜かれた大豊は、ただ黙って聞くしかなかった〉（二月八日）

投手では若手左腕の井川慶、ドラフト三位で入ってきた福原忍たちへも、時に褒め、時に厳しく接している。

しかし、不思議なことに桧山に関する野村の発言はない。

「ぼくとは全然喋ってくれない。〝おはようございます〟と挨拶しても、〝おはよう〟と返していただけるだけ」

　桧山はキャンプ中に故障し、チームに合流したのは五月だった。復帰時の打順は七番。このシーズンは、九五試合の出場に留まっている。

　翌二〇〇〇年は先発から外れることが多くなった。

「（タイガースの）暗黒時代ですけれど、曲がりなりにもクリーンナップを打っていた男が、いきなり試合に出られなくなった。片や新庄は四番を打っている。（観客席の）ファンからは〝お前、終わったなぁ〟とか〝いつまでおんねん。おらー、辞めてまえ〟とかそれ以上の言葉が浴びせられる。もう相手チームがどうこうよりも、敵は野村（監督）っていうのがあったかもしれません。自分の野球人生が掛かっているわけですから」

　野村はベンチに座りながら、相手投手の配球を予想するのが常だった。その近くに席を取り、耳をそばだてる若手選手もいたが、桧山はわざと距離を置いて座った。プロとして八シーズンを過ごしてきたという誇りがあった。試合に出られなくなったからといって、野村に擦り寄るのは嫌だった。

　もちろん、このままだと選手生命が終わってしまうという危機感はあった。

「試合に出られないんでベンチでずっと見ているしかない。そうすると野村さんがずっとぼやいているんです。〝このピッチャーはスライダーがボールになると、もう一球スライダーや〟。（打者有利の）バッティングカウントになったときに〝次、真っ直ぐ来るぞ。最初から準備して短く持って上からコツンと打つか、打つポイントを前にするか、さあ、どうする。ほらファウル（とぼやく）。もう（打てる可能性は）ないわ〟。あるいは〝キャッチャー、古田。フルカウントは変化球のサイン。これは性格やからなかなか直んない〟という風です。こっちは暇やし、聞いていますよね。毎日ベンチに座っていると自分でも予想し始める。当然ですが野村さんのが当たるんです。なるほどなぁ、そういう風に考えるのかって思うようになった」

もちろんタイガースでも対戦投手の分析は行っていた。ミーティングでは配球、球種の資料を手渡された。桧山もそれを頭に入れていたつもりだった。しかし、野村の話を聞いて、自分の打席に当てはめて考えていなかったことに気がついた。そして、先輩の和田豊がスコアラーが作成した資料を試合直前まで読み込んでいたことを思い出した。

「カウント別にどの球種が多いとかいうのは資料を見たら分かる。和田さんはキャッチャーの立場になって、自分と対戦するときはどう配球するか、バッテリーの癖などを考えていたはずなんです」

和田は日本大学から八四年のドラフト三位でタイガースに入っていた内野手である。長打はないが、常に三割前後の打率を残していた。

資料は資料に過ぎない。自分に落とし込んで考えることが大切なのだと、はっとした。それを実践していた和田を目の当たりにしながら気がつかなかった自分を恥じた。

「自分が性格を含めてどういうタイプなのかを認識して、データを活用しなければならない。野村さんのミーティングではそのヒントをずっとおっしゃっていた」

例えば、打席で一球見逃したとき、捕手の立場になって考える。単に手が出なかったのか、他の球を待っているのか。こちらを見定めているはずだ。そんな風に考えると次第に捕手との駆け引きが楽しくなってきた。

二〇〇一年、桧山は再び先発に起用されるようになった。一二一試合に出場、初めて三割打者となったのだ。

広島市民球場で野村から声を掛けられたことを桧山は今も覚えている。

「三割おめでとうって言われたんです。心の中でヨッシャーって思いましたね。やっと野村さんが認めてくれたって」

選手に対する応対には「無視、賞賛、非難」の三段階があるというのが野村の口癖である。ようやく第一段階の「無視」から抜け出したのだと嬉しかった。ここまで三年間、野村とはほとんど会話したことがなかった。来年は野村と言葉を交わす時間が増えるはずだった。

しかし――。

このシーズン終了後、野村は解任。星野仙一が新監督に就任した。

そして星野の言葉が漏れ伝わってきた。

——このチームにレギュラーはいない。

それを聞いて桧山は思わず「嘘やん」と呟いた。

九

監督交替にまず、身構えたのは星野を知る選手たちだった。

矢野輝弘と大豊泰昭は中日ドラゴンズ時代に星野が監督だった時期がある。二人は九七年のシーズン終了後、関川浩一、久慈照嘉の二対二のトレードでタイガースに移っていた。桧山はドラゴンズの久慈に連絡して、星野について訊ねると「負けだしたら大変やぞ」と教えてくれた。それを聞いて、桧山は暗い気持ちになった。野村が監督だった三年間ともタイガースは最下位。星野の機嫌が悪くなることは間違いなかった。

嬉しかったのは、星野と共に島野がヘッドコーチとして戻ってくることだった。島野は桧山たちの自主トレーニングに顔を出した。「久しぶりです、宜しくお願いします」と頭を下げると「頼むぞ、頑張ってくれ」と応じた。

キャンプ前日のことだった。桧山は監督付の広報担当となっていた平田勝男から呼ばれた。監督室に来いというのだ。桧山は身を固くして、扉を叩いた。

すると――。

「おー、ヒー」

初対面にもかかわらず星野は「ヒー」と桧山を渾名《あだな》で呼んだ。そして桧山の手を握った。

「選手会長、頼むぞ。引っ張っていってくれよ」

桧山は二〇〇一年からタイガースの選手会長を務めていた。星野が自分のことを信頼してくれているのだと桧山は飛び上がりそうになった。

「自分のレギュラーがどうのこうのよりも、俺はチームを引っ張っていかなあかんのやって。そこからはそれしか考えてませんでした」

星野になってタイガースの選手たちの姿勢が変わったという。

「野村さんが色々と教えたので考える力はできていたんです。でもそれを自分たちで表に出せない選手ばかりでした。星野さんは〝積極的なプレーでのミスはOKだ。ただし凡ミスだけは絶対に許さない〟と。攻撃ではチャンスになると（バッターが）初球ストライクを見逃せば、星野さんは〝振らんかぃ〟の一言。それを聞いている選手たちは、（好球ならば）初球からいかなあかんなと思うわけです。少しビビっていた選手を星野さんが前へ、前へ押し出してくれたみたいな感じでした」

星野が監督になった一年目の二〇〇二年は四位。そして翌二〇〇三年にタイガースは一八年ぶりのリーグ優勝を成し遂げた。

「チャンスのときは全選手が積極的に初球からガンガン振っていきました。ピッチャーはストライクが欲しいからまた甘いボールが来るんですよ。そこでヒット。次のバッターもまた初球を打つ。そうしたらもうお祭り騒ぎですよ。だからあのシーズンは大量点をとる試合が多かった。（勝っていくと）世間の自分たちを見る目が変わっていくのが分かるんです。優勝が近付くにつれ警備が追いつかないので、試合前練習より早い時間からお客さんが（球場に）入っているんです。もう楽しかったです」

そして福岡ダイエーホークスとの日本シリーズに臨んだ。かつて日本シリーズは、遠くに見える蜃気楼《しんきろう》のようだった。

「色んなOBの方から〝日本シリーズは経験した者しか分からない〟とか〝日本シリーズは経験せなあかんぞ〟って言われていたけれど、ぼくらは最下位のチームじゃないですか。だから、どんな世界かも分からない」

日本シリーズ第一戦、福岡ドームのグラウンドに立ったとき、桧山は先輩たちの言葉を肌で実感した。

「緊張感の中で一球一打、どんなプレーもおろそかにできないって思いました。一球どころか一秒ですね。みんなの期待を背負っているというのをひしひしと感じました」

三勝三敗となり決着は第七戦までもつれた。そして二対六で敗れ、日本一を逃した。

桧山が後悔しているのは最終戦の一回表だ。一死一、三塁の場面で四番の桧山は併殺打で倒れていた。

「あのとき、先制の一点が入っていれば流れが変わっていたやろうなっていうのがあった」

試合終了後、桧山は躯から全ての力が抜けたようにしばらく動けなかった。

翌年から監督が岡田彰布となり、二〇〇五年にもリーグ優勝。翌年から代打として起用されるようになった。そして二〇一三年で引退。通算二二年という現役生活だった。

桧山は自分は人との出会いに恵まれていたと振り返る。

「二回の（リーグ）優勝が自分を大人にしてくれました。代打についても、すでに八木（裕）さんがいた。八木さんを参考にしました。監督にしても、出会う順番が変わっていたら野球人生どころか人生全てが変わっていたでしょうね。自分が何かしなきゃいけないというポイントで人に出会えてきた」

ただね、と桧山は微笑んだ。

「もっと早く気がついていたらと思うこともあるんです。自分が本当に野球の奥深さを学びだしたのは、三〇歳を超えてからなんです」

桧山進次郎（ひやま・しんじろう）

1969年7月1日、京都府生まれ。平安高校を経て、東洋大学へ進学。4年生春には主将としてリーグ優勝に貢献する。1991年ドラフト4位で阪神タイガースに入団。2001年から2003年までの3年間選手会長に就任し、2003年には18年ぶりのリーグ優勝へチームを導く。2006年以降は代打の切り札として活躍した。2013年に現役引退。現在は『野球解説者』『スポーツコメンテーター』として活動している。代打通算158安打、14本塁打、111打点はいずれも球団単独1位。

つまり、野村克也と出会ってからだ。

「それまで試合に出ていたので、満足していた。でも、心のどっかにもう一人の自分がいて、これは阪神やから出られているけど、他のチームやったら出られないと思いながら、野球をやってきた。もうちょっと早く野球について考えるようになっていたら、全然違った」

たぶん、（安打を）二〇〇〇本打ってますねと笑った後、一息置いて付け加えた。

「でも新人でヤクルト（スワローズ）に入って一年目に野村さんの話を聞いていたら、〝何言うてんねん、訳分からんし〟と思ったかもしれない。今、自分が何かをしなければいけないという時期に、それを教えてくれる人に出会うことが大切ですね」

出会いは大切ですと言い聞かせるように呟いた。

CASE 2

渡辺俊介

00年ドラフト4位
千葉ロッテマリーンズ

一

物心がつくというのは、幸福な子ども時代が終わることでもある。

それまで親や周囲から大切にされ、気儘《きまま》に振る舞ってきた己の姿を、多少でも冷静に見られるようになり、他人と比べ始める時期でもあるからだ。そのとき、他の子どもがたやすくこなしていることが、できないと傷つくこともある。

渡辺俊介の場合は早歩き、だった。足を大股に開いて速く歩こうとすると走ってしまう。走ってはいけない、早歩きだと言われても、躯が思ったように動かない。スキップも苦手だった。練習すればできるようになるのだが、少し変化が入るとついていくことができなかった。そして、自分は〝運動神経〟が鈍いのだと思い込むようになった。

「やってごらんって言われて、すぐにできる子とできない子がいますよね。ぼくは完全に後者のできない子でした」

当時を思い出したのか、渡辺は小さく笑った。

渡辺は一九七六年八月二七日に栃木県下都賀郡都賀町（現栃木市）で長男として生まれた。二歳年下の弟がいる。

「家の前は田んぼで、コンビニまでは車で一五分ぐらい。ゴルフ場は自転車で一五分圏内に三つある。川もあって、海以外の自然は何でもありましたね」

父親の秀夫は七四年に三〇人ほどの従業員を抱えた『ワタナベ土木』という会社を立ち上げていた。渡辺の記憶では、家屋の他、橋架の工事などを手掛けていたという。

気の荒い若い男たちが出入りしていたんじゃないですかと訊ねると、渡辺は「親父が一番厳しかったですね」と笑った。

「身長は（一）七四（センチ）ぐらいでそんなに大きくないんですけれど、横幅があってガタイがある。そして目が怖いんです。怒鳴り散らすというのではなく、黙っているのが怖い。（父親にじっと見つめられると）耐えられないんです。会社の人たちも親父が来るとピリピリしていました。よく社員の人から〝俊ちゃんは大変だね、二四時間社長が一緒だもの〟って言われるぐらい」

渡辺は小学校に上がる前から、父親とキャッチボールを始めている。秀夫は國學院高校栃木、國學院大學で硬式野球を続けて来た男だった。そんな父を持つ渡辺は当然のように小学一年生から地元の富張クラブという軟式野球チームに入っている。

「ぼくの通っていた赤津小学校には（地区ごとに）軟式野球のチームが三つあって、その中の一つです」

渡辺によるとこの富張クラブは近隣でも最も弱い部類に入ったという。「よーく、負けてました」

とわざと伸ばして発音した。

「コールド負けもありましたし、強いチームとやるときは勝てないと思って試合をしていました」

小学校低学年までは、野球の他に空手、水泳、体操などの習い事をしている。家で父親に睨《にら》まれるよりは外にいる方が気が楽だったのだ。

父親は試合の勝ち負けには頓着しなかった。

「野球を通じて教育をするという考えの人でした。だから、野球そのものよりも、挨拶とか礼儀作法に厳しかったですね」

ポジションは投手が主で、捕手、三塁手を守ることもあった。そもそも投手は自分の強い希望ではなかったという。

「特に（ポジションの）拘りはなかったんですけれど、足もそれほど速くなくて、（体）力もなかったので、必然的に投げるだけというピッチャーになったんです」

自分は全く飛び抜けた存在ではなかったと、渡辺は強調する。

「身長は中の上。でも細かった。足（の速さ）は真ん中よりも上という程度」

父親は自分よりも二つ年下の弟の方に期待していたのではないかと思っている。

「弟は運動神経が良くて、何をやらせても一番だった。二つ下でしたけれど、（体）力、肩（の強さ）全部ぼくより上でした。弟はずっとプロ（野球）に行きたいって言っていました」

秀夫の野球に掛ける思いは強かった。自宅近くの空き地を借りて、野球用のグラウンドを造成したこともあった。

「当時は会社に野球チームがあったんです。それでブルドーザーを持って来て、足場を組んでネットを立てて。その他、自宅（敷地内）のアスファルトを剝がして（投球練習用の）マウンドも作りました」

土建屋ですから、そういうのは得意なんですよと微笑んだ。

五年生から渡辺はチームのキャプテンを任させるようになった。

「親父がコーチです。チームがだらだらしていると、お前のせいだとぼくが殴られました。気持ちが抜けているときや、ふて腐れた態度をとると、その都度殴られていましたね」

父親には絶対服従だった。自分には反抗期はなかったと渡辺は言う。

小学校を卒業する前、タイムカプセルに〈将来の夢〉を書いて地中に埋めることになった。渡辺は一位から一〇位まで順位をつけて、〈総理大臣、オリンピック選手、プロ野球選手、芸能人〉などと書いている。

「オリンピック選手というのは（八八年の）ソウルオリンピックを見たからでした。田舎者ですから、テレビに出ている人は凄いっていう感じでしたね」

とはいえ、自分がオリンピックに出場し、プロ野球選手になれるはずはない。現実的な将来はある時点まで野球を続けて、その後はワタナベ土木を継ぐことだった。

ところが、都賀中学校進学前に突然、父親から「お前は野球をやめろ」と言われた。気持ちも強くないし、体力もないから無理だというのだ。

「最初は体験入部で色んな部活動を見られるのですが、ぼくは親父に対する反発もあって、最初から野球部に行きました。やめろと言われなければ、他の運動部に入っていたかもしれません」

硬式野球チームが存在しなかったため、軟式野球部には近隣の才能が集まっていた。同じ赤津小学校、都賀中学校の五つ上の代に八九年ドラフト三位で阪神タイガースに入った右腕投手、麦倉洋一がいる。この地区を勝ち抜けば、全国大会でも上位入賞できると言われていた。

「一、二年のときは当然（試合に）出られないです。小学生のときにコールド負けしていたチームのエースと二番手が同じ中学に入ってきたので、同級生の中でも彼らが一番手、二番手でした」

どこにでもいる冴えない控え投手だった。

二

夏の大会が終わり、中学三年生がチームを去り、新チームになった頃だった。父親が「高校、大学と野球を続けたとしても、このままだと厳しい。アンダースローにしてみないか」と言い出した。

「子どもの頃から親父に野球を教わっていたので、親父の言うことが正しいと思っていました。ぼく自身、フォームには全く拘りがなかった。だからアンダースローも面白いかなという軽い気持ちでした」

アンダースローとは下手投げを直訳した和製英語である。英語ではサブマリンと呼ばれる。当時の少年向けの入門書には、オーバースロー、斜めに腕を振るスリークォーター、サイドスローと順々試していき、アンダースローは最後の選択肢であると書かれていた。

「ダメ元というか、もう最後の手段なんですね。そもそも野球で生きていけるなんて思っていなかった。躯が柔らかいとアンダースローに向いているというのがあって、試合に出られるならばやってみよう、ぐらいの感じです」

躯の柔軟性には自信があった。

「ぼくの唯一の自慢でした。学校一、柔らかかった。(下手投げを)始めてみると、周りからの評判は割と良かったんです。今みたいにビデオを撮ったりしないので、自分がどんな投げ方をしているのか分からない。家に帰ってから鏡の前でシャドーピッチングをしてました。でも何か格好悪い。綺麗な、格好いいアンダースローにしたいなと思っていました」

手本となる投手はいなかった。七〇年代後半から八〇年代に掛けて、数は少ないものの、プロ野球で下手投げの好投手が好成績を残していた。阪急ブレーブスの足立光宏と山田久志、あるいは西武ライオンズの松沼博久だ。ただし、渡辺が下手投げを試し始めたとき、残っていたのは松沼だけだった。その松沼もこの年、九〇年に引退している。下手投げの空白期間に入っていたのだ。

「そもそもパ・リーグってテレビ中継がなかったじゃないですか。だから当時は観たことはなかったです。山田さんとかのイメージがあれば、違っていたかもしれませんね」

練習に付き合ってくれたのは、やはり父親だった。

「親父が拘っていたのは、下半身の使い方でしたね。仕事が終わった後に自宅のマウンドで見てくれました。どうやったらボールが浮き上がるのか、そればっかり追い求めていました」

下手投げにしても、チーム内の序列は動かなかった。

「背番号を貰うけれどレギュラーではない。チームの中では中の上ぐらい（の力）。三番手のピッチャーで二番手のサード。紅白戦ではピッチャーをやったりサードをやったり」

夏の大会が終わると、高校進学を考える時期になる。甲子園に行きたいという淡い思いはあった。しかし、自分は中学校でも試合に出られなかった。野球の強豪校と言われる学校では通用しないだろう。試合出場の可能性が高い地元県立高校に進んだ方がいいのではないかと思っていた。

「みんな推薦で色んな高校から引っ張られていきました。良い選手が一杯いたので、ぼくもくっついて行って、セレクションを受けに行きました」

それが一九六〇年設立の私立学校、國學院大學栃木高校だった。父の秀夫の母校でもある。このとき秀夫は野球部ＯＢ会長を務めていた。

「ブルペンで投げていると面白いねって。それで推薦を貰いました。変則で面白いっていう枠ですよね」

ぼくは昔からアンダースローのお陰で変則枠に入れてもらっていたんですと、口元に笑みを浮かべた。

國學院栃木は八五年夏の甲子園に初出場、八七年の選抜大会にも出場しており、野球部に力を入れていた。渡辺は入学してすぐにこの学校を選んだことを後悔した。

「県大会、全国で優勝したピッチャーがいたり、四〇〇メートルのリレーで日本一になったメンバーのうち三人が野球部に入ってきていました。遠投で一〇〇メートルを超えるのはいっぱいいるし。俺はプロに行くんだって公言していたのが同級生に三人いました」

渡辺は遠投で八〇メートルを投げるのが精一杯だった。これは投手陣の中で最も悪い数字だった。

中でも渡辺が目を見張ったのは佐野南中学校から来た男だった。一年生ながらすでに身長は一八〇センチ近くあり、本来は打者であったが、投手としても通用する力があった。

「走っても投げても打って、何やっても凄いんですよ。モノが違うと思いました」

後に西武ライオンズへ入団する小関竜也である。

七月から始まる夏の甲子園、栃木県大会で小関は中堅手として先発出場している。國學院栃木は準々決勝で宇都宮学園に一対八で敗れている。

渡辺が試合に出場するようになったのは、新チームになってからだ。

二年生の夏、県大会前のチーム紹介記事に渡辺の名前がある。

〈【投手・守備力】エース菊地は右下手投げ。切れのいいカーブとシュートが武器で、スタミナもあり完投能力十分。控えの渡辺は球威があり、中村は度胸満点。守備はセンターラインが強固で、中堅・小関は俊足強肩。一、二年生が多く競り合いでは不安が残る〉(『下野新聞』一九九三年七月六日)

一学年上の菊地は同じ下手投げではあったが、浮き上がる球に拘っていた渡辺とは違い、落ちる変化球であるシンカーを得意としていた。この記事が少し言葉足らずなのは、二番手投手は野手兼任の小関だったことだ。初戦となった二回戦の黒磯南戦では菊地、三回戦の宇都宮戦では小関が延長一〇回を投げきっている。四回戦の茂木戦でようやく三番手の渡辺の登板機会が回ってきた。

ところが――。

宇都宮清原球場にバスで到着したとき、渡辺は試合用のユニフォームがないことに気がついた。

「朝、学校のグラウンドに集合しますよね。そのロッカーに置きっぱなしにして、バスに乗っていたんです」

急遽、ベンチに入っていない選手にユニフォームを借りることになった。背番号は前の試合で敗れた高校に頼み込んで、ユニフォームから番号を剥がしてもらった。そして、観客席にいた選手の保護者が番号を縫い付けた。

その慌ただしい様子を見て、この試合は負けたと思った、後から先輩たちにそう聞かされた。

〈先発・渡辺は右打者の外角へ逃げるスライダーを有効に使い、茂木打線を8安打2失点。五回、2点を失った後の一死一、三塁、六回一死満塁のピンチを三振で切り抜けた。（中略）先発の渡辺俊介は毎回走者を許しながら、粘り強い投球で五回の2失点のみで切り抜けた。「このところ調子が上がってきたんです。リラックスして投げられた」とさわやかな笑み。好リードの吉新知照も「今日はスライダー、カーブの切れがよかった」と振り返った〉（『下野新聞』一九九三年七月一九日）

九対二、八回コールド勝利だった。

「とにかく必死でしたね。あれで負けていたら、やばかったです。本当に勝って良かった」

その後、國學院栃木は準々決勝で作新学院を一五対三で下した。しかし、準決勝の葛生戦に二対三で敗戦。二試合とも菊地が先発し、準決勝では八回途中から小関が菊地の後を引き継いでいる。

三

三年生が抜けると自動的に渡辺が一番手投手となる、はずだった。しかし、渡辺の投球は安定しなかった。思った場所に球を投げることができないのだ。そしていいときと悪いときの差も大きかった。

「（狙ったコースに）行くときは行くけれど、行かないときはとんでもないボール。ちょっと外れたじゃなくて、バッターの背中に向かっていったり。アンダースローというのは下半身が安定しないと、（フォームが）バラバラになってしまう。今、アンダースローを教えるときは、膝をつかせて固定させて投げる感覚を身につけさせるんです。当時はそういうやり方はなかった。ただ一生懸命投げるだけでした。（打者の手元で）浮き上がるボールを投げる。そのためにミットめがけて思い切り腕を振ってました」

球が打者に当たるのは、しばしばだった。紅白戦で渡辺に球をぶつけられ、尾てい骨にヒビが入った選手もいた。

「狙ったところに投げられる投手は打者を見る余裕がある。ぼくは打者を全く見られなかった。ただ、下から投げて浮き上がる球で三振を取ることを求めていた。使いにくい投手だったと思いますよ」

監督だった実島範朗は渡辺の著書『アンダースロー論』の中でこう語っている。

〈大会では、二年の春から投げています。よく覚えていないのですが、練習試合や大会で、あと一人抑えればノーヒット・ノーランという試合も二、三回あったと思いますよ。コントロールがちゃんとしていたんじゃなくて、〈逆球〉で打たれなかった。

バックを守る人間にとっては、そこに投げると思うからポジションを変えて守っているのに、逆球だから、みんな怒っていましたよ。たまたま三振を取っているけど、ふざけるなってことですよね〉

そこで打者に専念していた小関が投手に戻ることになった。

「小関はピッチャーに執着がなかった。それでも責任感が強い奴なので彼がエースで四番というチームになりました。彼はコントロールが良くて、打たせて（アウトを）取る頭脳的なタイプ。ぼくと違ってちゃんとバッターを見て、駆け引きができた」

渡辺の特徴がはっきりと現れたのは春先に行われた関西遠征だった。甲子園出場を見据えて、強豪校に慣れておくことが必要だと考えた実島はチームを関西へ連れていったのだ。

再び『アンダースロー論』の実島の証言を引用する。

〈大阪の上宮太子高戦、一試合目は小関が投げて勝って、二試合目に俊介が先発して、三振を一七、八個取ったんです。最後にうちの代打がホームランを打って、確か二対一で勝ちました。それが、冬にずっと練習をしてきて、使える目途がたった試合でした〉

渡辺は、なぜ今日はこんなに調子が良いのだろうと思いながら投げていたという。後からこの球場はマウンドに向かって風が吹くということを知った。風の力で球がいつも以上に浮かび上がっていたのだ。

翌日、兵庫県姫路市に移動して、東洋大姫路と練習試合をしている。実島は渡辺の力を確認するために、続けて先発させることにした。

ところが、この日の出来は散々だった。

「投げると打球がカーン、カーンって三遊間、二遊間を抜けていくんです。それが延々止まらない」

前日と同じ感覚で投げると、全く球が思ったところに行かない。初回に一一失点、一死を取るのが精一杯で、降板している。

これを見て激怒したのが、コーチとして同行していた父親の秀夫だった。渡辺をもの凄い剣幕で怒鳴りつけ、殴りかかった。やめてくださいと実島たちが秀夫を羽交い締めにして止めなければならないほどだった。渡辺はこの日、父親から命じられて延々とグラウンドを走っていた記憶がある。

いいときは相手打者は手が出ないほどの球を投げるが、悪いときは全く使い物にならない。躯の中に気まぐれな獣を飼っているようなものだった。

夏の県大会前の予想で、國學院栃木は前年の優勝校、佐野日大に次ぐ評価を受けている。

〈国学栃木は左上手の小関、右下手の渡辺とタイプの異なる二投手を擁し、投手力はAクラス。打線は切れ目がなく、全員が走れる機動力も兼ね備える。序盤から足工―白鷗足利の勝者、葛生といった実力校の挑戦を受けるが、簡単に主導権を奪われることはまずないだろう〉（『下野新聞』一九九四年七月一三日）

背番号は小関が「一」をつけた。渡辺は「一〇番か一一番だったと思います」という。

「ぼくは投げてみないと〈調子が良いか悪いか〉分からないので、やっぱりエースは小関。強いチームには小関をぶつけるという考えでした」

初戦の相手は部員が一三人しかいない塩谷だった。そのうち中学で野球経験があったのは三人という野球部だった。この塩谷戦に渡辺は九番投手で先発出場している。

〈そつのない攻撃で確実に好機をものにした国学栃木が、6安打で8点を奪いコールド勝ちした。国学栃木は二回に村井の右中間二塁打など3安打で3点を先制。五回には中山の左翼席上段に飛び込むソロ本塁打などで2点を追加、六回にも2安打、1四球に4盗塁を絡めて3点を加え8―0とした。先発・渡辺は球威こそなかったものの、丁寧にコーナーを突く投球で3安打に完封した〉（『下野新聞』一九九四年七月二〇日）

球威こそなかったもののって書かれているんですか、と渡辺は微笑んだ。

「それがぼくの精一杯の球威だったんです」

続く、足利工業戦は前出の『下野新聞』が書いているように、格下ではあったが、注意を払うべき相手だった。この試合では小関が先発している。

圧倒的な力の差があったとしても、野球ではちょっとした躓きで試合の流れががらりと変わってしまうことがある。足利工業戦はそんな試合だった。

初回、珍しく小関の投球が乱れ、本塁打を含めて三点を失ってしまう。この失点で國學院栃木の選手たちは、浮き足だった。

「全員がホームランを打てるバッターだったんです。それで自分で点を取ろうと、みんなが長打を狙いにいった。それでポンポン、ポンポン、フライをあげた。いつも通りだったら簡単に点が取れる相手でした。点が取れないうちにどんどん焦っていった」

それでも四回に一点、そして七回に二点を返し三対三の同点に追いついた。

「ぼくはブルペンで試合を観ていました。小関のピッチング自体は悪くなかったので、これ以上は点を取られる感じはしなかった」

試合は延長に入った。

〈3—3で迎えた十二回、スクイズ失敗で追加点のチャンスを逸したかにみえた足工は、その一球後、真塩が右中間に二塁打を放つと、続く代打の飯塚の左前適時打で待望の追加点を挙げた。(中略)

十二回裏、1点を追う国学栃木の攻撃、一死一塁。最後の打者渋谷は二ゴロであえなく併殺、国学栃木の甲子園への道はついえた。ネクストバッターズサークルの三番横田賢一はゲームセットの瞬間、地面に頭をこすりつけたまま立ち上がれなかった。ベンチ前でも同じ光景が繰り広げられた〉(『下野新聞』一九九四年七月二三日)

試合終了の瞬間、渡辺は高校生最後の公式戦が終わったという実感が湧いてこなかった。球場から学校に戻り、誰が言い出したでもなく、練習を始めたという。

「まだ一ヵ月以上野球をやるつもりでしたから、なんか終われないんですよ。ずっと、えっ、なんでって思っていた。ぼくが投げてバッターが打ったりしていましたね。みんな物足りない思いがあったんですかね、大学で野球を続けたのが多かった」

渡辺の元にも幾つか誘いが届いていた。春の関東大会で、好投したことがあったのだ。

「その日は珍しくコントロールが良かったんです。(東京の)農大二高を一安打完封しました。ぼくを観に来たんじゃなかったんでしょうが、急に六、七校の大学から誘いが来るようになりました」

その中から渡辺が選んだのは系列校である國學院大學だった。

「正直なところ大学野球はどこがいいのか分からなかったんです。最初に声を掛けてくれたのが國學院でした。父親の母校でもありましたし」

國學院大学野球部の監督、餅田正美が父、秀夫の同級生だったことも渡辺の背中を押した。同級生の中ですでに道が決まっていると思われていたのは、小関だった。小関は慶應義塾大学を希望していた。

「小関は野球は上手いし、頭も良い。弱点のない男なんです。だから慶應に入って六大学で活躍してプロに行くんだろうって思っていました」

ところが、小関は慶應大学の推薦試験に落ちてしまう。

「なんで落ちたんだろうって。信じられなかったです。（小関を欲しかった）プロ野球のチームが（落ちるように）手を回したんじゃないかって思ったぐらい」

一一月一八日、ドラフト会議が行われ、小関は西武ライオンズから二位指名された。

「その日のことはよく覚えていますよ」と渡辺は楽しそうな顔になった。新聞記者たちの求めに応じて、野球部の仲間と小関を胴上げした。渡辺が「すごいな、サインをくれ」と頼むと、小関は照れ隠しか、「お前は絶対に捨てる」と笑っていたという。

この年のドラフトでは、大学進学を表明していた別府大学附属の城島健司が福岡ダイエーホークスから一位指名されている。その他、高校生では、山梨県甲府工業の山村宏樹が阪神タイガースから、ＰＬ学園の大村三郎が千葉ロッテマリーンズからそれぞれ一位で、横浜の多村仁が横浜ベイスターズから四位指名されている。

自分がドラフト指名されると夢みたことはなかったのかと訊ねると、渡辺は「ぼくが、ですか」と目を丸くした。

「だって、一二〇キロちょっとしか出なかったんですよ」

ただし、ＰＬ学園の右腕投手、宇高伸次を意識したことはあったという。

「やっぱり同じアンダースローですからね。段々ピッチングに自信がついてきた頃だったので、同級生の中で一番のアンダースローになりたいなって。でも、(テレビで)宇高を観たとき、球速ぇ、浮き上がっている。ああ、無理だって」

勝てないと思いましたと渡辺は首を振った。

宇高は近畿大学を経て、逆指名制度を使い九八年のドラフト一位で大阪近鉄バファローズに入ることになる。

四

國學院大學野球部は一九一七年創部、三一年に始まった東都大学野球リーグには設立当初から参加している。しかし、渡辺が入学する二年前の九三年秋季リーグから二部に降格していた。

東都大学リーグ二部の資料はほとんど残っていない。そのため、大学時代の渡辺の成績は不明である。

「一、二年生のときは出ていたとしても、ちょっとでしょうね。(球場では)後ろの方で〝SBO〟をやっていました」

球場のスコアボードにある〈ストライク〉〈ボール〉〈アウト〉の表示に使用する板を動かしていたのだ。

そんな渡辺を引っ張りあげたのは大学二年生の春に野球部の監督となった竹田利秋である。

國學院大學出身の竹田は、宮城県の東北、そして仙台育英を東北屈指の強豪校に育て上げた指導者だ。八九年夏、仙台育英は投手の大越基を押し立てて、東北地区で初めて甲子園決勝に進出。後に大越は早稲田大学中退、アメリカ独立リーグを経て、九二年のドラフト一位で福岡ダイエーホークスに入った。

渡辺は竹田と会ってすぐにこう命じられた。

――綺麗な投げ方をするな。

――プロを目指しなさい。

自分は高校時代、二番手投手がせいぜいで甲子園に出たこともない。これまで大越の他、東北高校時代に佐々木主浩などのプロ野球に進む選手を指導してきた竹田からプロという言葉を掛けられたことは嬉しかった。なぜ自分の才能を買ってくれているのかと、こそばいような感覚だった。

渡辺は自分はコントロールが悪いのですと打ち明けると、竹田はこう言った。

――コントロールの悪いピッチャーは存在しない。絶対にありえない。

自分の思った場所に球を投げることができないのは、何かが悪いからだ。悪い箇所を探すことが指導者の役割であるというのが竹田の考えだった。

渡辺は竹田を「熱量が凄い人」であると表現する。

「父親がそういう人だったので、熱量のある人には免疫がありました。それでも竹田さんの熱は凄かった。自分の考えを言葉を使って全部説明される方なのでミーティングが多かった」

竹田は選手たちに各自ノートを一冊持参するように命じた。雨天でグラウンドが使えない日は六時間ほど、授業のようなミーティングが続くこともあった。

「座学で野球とはこういうものだというのを教わりました。野球を考えなさいというのが竹田監督の教えでした。人が変わらなければ、野球は変わらない。ではどのように変わらなければならないのか。それまで感覚でやっていたことを、言葉で説明できるようになったのは竹田監督のおかげです」

竹田は進取の気性に富む指導者でもあった。

東北、仙台育英時代から、当時は珍しかった科学的トレーニングを取り入れていた。國學院大學では平岩時雄を招聘している。平岩は九一年に一一〇メートルハードル競技で日本記録を出したこともある陸上選手だった。現役引退後、アメリカでトレーニング理論を学び、帰国していた。渡辺が大学三年生の春季キャンプでのことだ。平岩は渡辺と外野フェンス沿いを歩いているときに、渡辺の歩き方がおかしいことに気がついた。

平岩の著書を引用する。

〈「あれ？　歩くの変だぞ？」

とはいえ、特別メチャクチャな歩き方をしていたわけではないのですが、「ヤな感じ」がしました。

「俊介、まっすぐに歩いてみて」と伝えました。

渡辺投手は、不思議に思ったのか、「まっすぐ」という意識を持ってしばらく歩いたのですが、見ているボクからするとどうも「ヤな感じ」が抜けない。

「早歩きをしてみようか」

ボクも一緒に早歩きをしたら、ついてこられない。最初は冗談かと思いました。芝生の上をスタスタと私は歩くのに、後ろでは、早歩きに四苦八苦。まあ、驚きました。この世の中に早歩きが出来ない人がいるなんて。出来ないのは早歩きだけではなかった。スキップも後ろ歩行も、やってみたらバタバタバタ〉（『99％の人が速くなる走り方』平岩時雄）

渡辺は体重を移動する能力が圧倒的に欠如していると指摘された。それを聞いて、なるほどと合点がいった。

「だから自分の躯を思い通りに動かせなかった。人前で走るのも嫌いでした。ぼくの走り方って腰が落ちていて、格好悪いんです。高校のときダチョウのような走り方って言われてました」

一方、渡辺の長所も見抜いた。

「ぼくは躯を速く、強くは動かせない。でも重心が後ろにあるので、安定させて動かすことができるというんです。そして止まる能力がずば抜けているらしいんです」

でもお前、よく止まれるな、とは誰も褒めてくれないじゃないですか、と笑った。

下半身が安定しており、躯を止めることができる――つまり、踏ん張りが効く。投手として必要な能力を渡辺は持っていたのだ。

「安定感があるならばバランスをもっと磨こうと思うようになりました。そしてバランスがついてくれば、もっと強く動かすことができるので球の力が増す」

平岩の指導を受けるうちに、渡辺はなぜ球が思ったところに行かないのか気がついた。それは彼の特徴でもある、柔らかい躯だった。

「躯が柔らかければ良いというんじゃないです。その柔らかさをコントロールしなければならない。躯が硬ければ、自然と動きが決まってる。躯の柔らかい人間というのは、人よりも可動域が大きいので、技術を掴むまでに時間が掛かるんです。ただ、柔らかい人間の方が伸びしろがある。自分は不器用だ、だからコントロールが悪いと思い込んでいたんですけれど、そうではなかった」

渡辺は投球フォームを固めて、狙った場所に少しずつ投げられるようになっていった。それでも、卒業まで二部リーグの二番手投手だった。

「大学のリーグ戦は二試合連勝してしまえば終わり。一試合目はエースが投げて、二試合目はほぼく。三試合目に入ったときはまたエースが投げる」

プロ野球のスカウトが視察に訪れるなんてことはなかったのですか、と訊ねると「なかったです、なかったです」と首を何度も振った。

「うちのチームにはドラフト候補になるような選手はいませんでしたから」

とはいえ東都大学リーグ二部で、後にプロ野球に入る選手たちとすれ違い、あるいは対戦している。

渡辺が一年生のとき、専修大学では黒田博樹が投げている。二年生、三年生のときには日本大学に清水直行がいた。中央大学の阿部慎之助とは三年、四年生のときに対戦。四年生時には、二部に降格してきた東洋大学の福原忍と投げ合った記憶があるという。

黒田は九六年のドラフトで広島東洋カープから二位、清水は九九年に千葉ロッテマリーンズから二位、阿部は二〇〇〇年に読売ジャイアンツから一位、そして福原は九八年に阪神タイガースから三位指名されている。

四年生になる前、渡辺はここで野球をやめるのが惜しいと思うようになった。これから、もっと自分はまだ伸びる可能性があるという手応えを感じていたのだ。

そんな渡辺に目をつけたのは、プリンスホテル硬式野球部だった。

「オープン戦で好投したときがあったんです。それで取ってくれそうな雰囲気になったんです。嬉しかったですね」

しかし、渡辺はプリンスホテルには進まなかった——。

五

四年生の春、國學院大學野球部は沖縄でキャンプを張っている。

〈沖縄国際大にいいピッチャーがいるということで、私は沖縄に行きました。そのとき、関東からキャンプに来ていた國學院大が沖縄国際大と試合をしていました。その試合で、渡辺君は一イニングだけ投げたんです。そのとき、「こんなピッチャーがいるのかよ」と思いました。

試合のあとで竹田監督から話を聞くと、その日は投げる予定じゃなかったそうですが、たまたま調子がいいから投げさせたらしいんです。それを私がたまたま見たわけです。その日、その瞬間に「渡辺君をください」と、竹田監督にお願いしました。本来の目当てとは違う選手を勧誘してしまったわけです。

竹田監督は、「エッ⁉　無理無理」と言われました。

「いや、いいピッチャーですよー」と私が言いましたら、竹田監督は「ストライクが入らないよ。應武君、だいぶ目が落ちたね」と言われました〉『アンダースロー論』

新日鐵君津の野球部監督だった應武篤良の証言である――。

應武は崇徳から早稲田大学、そして新日鐵広畑に進んだ捕手だった。現役引退後、新日鐵君津の監督に就任、福岡ダイエーホークスに松中信彦、西武ライオンズに森慎二などを送り出していた。國學院栃木の監督、実島は大学時代、應武の一つ下の学年に当たる。実島に電話して「渡辺君を欲しい」と切り出すと「渡辺俊介ですか」と驚いた声になった。それでも渡辺を獲ろうと決めたのは、下手投げだったからだ。現役時代、應武は下手投げの投手を苦手にしていた。自分の元で下手投げを育ててみたいという気持ちがあったのだ。

プリンスホテルの監督だった足立修もまた早稲田大学で應武の後輩に当たる。そこで應武は足立と話をつけた。

新日鐵入りをまとめた後、應武は栃木県の渡辺の実家に挨拶に行っている。両親、そして渡辺の前でこう言った。

――お前をエースで投げさせる。二年後のシドニーオリンピックに行け。オリンピックに行ったらプロに行け。

とはいえ、應武もこのときは本当にこの通りに進むとは信じていなかった。檄を飛ばすことで、渡辺の心に火を着けようと思ったのだ。

九九年四月、渡辺は新日鐵に入社、君津製鉄所の厚板工場に配属された。

厚板とは船舶、橋梁、建設器機などに使用する、厚さ三ミリ以上の鋼板のことだ。

「朝は八時半から、午前中は仕事です。（製造）ラインの調整をする部署でした。仕事っていっても、パソコンの前に座っているだけでしたね」

そして昼食を取った後、野球部の練習が始まる。應武は約束を守り、勝ち負け関係なく渡辺を先発投手として起用した。最初の大きな大会である、都市対抗野球の地区予選は敗退。それでも渡辺の力は目立ったのだろう、優勝した川崎製鉄千葉の補強選手として本大会のメンバーに入った。一回戦で川崎製鉄千葉は松下電器と対戦、二対五で敗れている。本大会で登板はなかったものの、他チームからも投球を認められたという自信は渡辺を少し前へ押し出すことになる。

秋に行われた社会人野球日本選手権の予選、新日鐵君津は、夏の都市対抗野球で優勝した東芝を破って、初めて本大会に出場を決めた。しかし、本大会一回戦でNKKに三対九で敗れている。試合後、應武は「投手が気負って、予選と別人のようだった。つまらない四球を出し、打線のリズムまで狂わせた」と渡辺に厳しい評価をしている。それでも、蕾《つぼみ》を開きつつあった渡辺は野球関係者の目につく存在になっていた。

もちろんそれは彼が下手投げだったからだ。そして應武の後押しもあった。

〈指導者というのは右のオーバースローがいれば左が欲しいなぁ、ちょっとした中継ぎでアンダースローがいれば投手陣が充実するなぁ、ということを考えるものなんですよ。

とくにオリンピックでは、ああいう変則モーションの人は外国人に通用しやすい。当時、私は全日本アマチュア野球連盟の強化役員をしていました。アトランタのときは木村重太郎君(東芝)というピッチャーがひとりいて、中継ぎで非常に活躍したんです。

二〇〇〇年のシドニーのときにも、強化委員会で「アンダーハンドのピッチャーはいないか?」という話になって「ウチにいますよ」と。練習に参加させたら「いいねえ」となった〉(『アンダースロー論』)

渡辺はシドニーオリンピック代表候補に選ばれ、〝派遣選手〟として二〇〇〇年春の読売ジャイアンツのキャンプに参加している。

「長嶋（茂雄）さんが監督で原（辰徳）さんがヘッドコーチ。斎藤（雅樹）さんや槙原（寛己）さんたちもいて、テレビで観たことのある人がいるって」

この年からフリーエージェント制度を使って広島の江藤智がジャイアンツに移っていた。監督の長嶋は江藤に背番号「三三」を譲り、自らは現役時代の「三」を選んでいた。長嶋は人が何を求めているのかよく分かっている男である。キャンプが始まってしばらくユニフォームの上に着たジャンパーを脱がなかった。背番号三の長嶋の姿を一目見ようと例年以上に報道陣、観客が集まっていた。あまりの人出に選手たちは五〇メートルほどの移動でもマイクロバスを使用しなければならないほどだった。

プロ野球の選手の中に入って、自分の良さを認めさせるのだと渡辺は張り切っていた。しかし、最初の肩慣らしでその鼻っ柱はへし折られることになった。

キャッチボールの相手が見つからず、きょろきょろしていると「じゃあ、やろうか」と躯の大きな男から声を掛けられた。

上原浩治である。

九八年のドラフトで逆指名制度でドラフト1位としてジャイアンツに入団。一年目から二〇勝四敗という好成績を上げ、最多勝、最優秀防御率、最多奪三振、最高勝率の投手の主要四部門のタイトルを獲っていた。新人王はもちろん、ベストナイン、ゴールデングラブ賞、沢村賞を手にしてリーグを代表する投手となっていた。

上原の投球はテレビで観ていた。一年目から二〇勝する投手はどこが凄いのだろうと興味を持っていた渡辺は「お願いします」と大きな声で返事をした。

「五〇から六〇メートルの距離から遠投するんですが、（捕球しようとしたとき）低いからワンバンするって一瞬思うんです。ところがその球が手元で浮き上がってくる。ボール（を受けるの）が怖いんです。あっ、これは凄いわ、これは打てないって」

ジャイアンツの打者を相手にバッティングピッチャーも務めた。

「バッターは誰だったかな。清水（隆行）さんだったかな。それで（バッティングゲージの）後ろで清原（和博）さんが見ていたんです。元木（大介）さんも隣でにやにやして見ていた覚えがあります。アピールする気満々でしたから、全力で放りました」

しばらく投げた後、引き揚げようとすると清原が近づいて来て、こう言ったのだ。

――いい球投げるなぁ、お前とはいつか対戦するだろうから頑張れよ。

清原がプロ野球選手として通用すると言ってくれたことが嬉しく、思わず頬が緩むのが分かった。

六

七月に行われた都市対抗野球で予選を勝ち抜き本大会に出場。準決勝で大阪ガスに二対五で敗れたものの、四試合全てに登板した渡辺は優秀選手に選ばれている。

そして九月、シドニーオリンピックが始まった。

この大会から国際オリンピック委員会の規定が変わり、プロ野球選手の出場が認められた。ただし、プロ野球のシーズン中である――。オリンピックへの、パシフィック・リーグとセントラル・リーグの対応ははっきりと別れた。パ・リーグは一球団一人を出したが、セ・リーグは球団の判断に任された。そこで広島と中日の二球団のみが一人ずつ出している。

両リーグの温度差は歴然としていた。パ・リーグの各球団が選んだのは看板選手、広島と中日は一軍半の選手だったのだ。

それでも期待を集めるのに十分な顔ぶれだった。

投手陣は西武ライオンズの松坂大輔、千葉ロッテマリーンズの黒木知宏の他、三菱重工長崎の杉内俊哉、東北福祉大学の吉見祐治、青山学院大学の石川雅規といった後にドラフト上位で指名される選手が含まれている。

野手では、福岡ダイエーホークスの松中信彦、大阪近鉄バファローズの中村紀洋、日本ハムファイターズの田中幸雄、そしてオリックス・ブルーウェーブの田口壮。大学生からは中央大学の阿部慎之助、社会人からはNTT東日本の沖原佳典、JR東日本の赤星憲広が選ばれていた。

オリンピックのメンバーに入ったことで舞い上がることはなかったと渡辺は言う。

「球も速くないし、変則（投げ）枠、アンダースロー枠ですよ。それまで全日本の常連だったアンダースローの方が肩を壊したりしていて枠が空いたんですよ。プロのサイドスローの投手が入ってくる可能性があったらしいんです。ところがセ・リーグがほとんど選手を出さなかった。セ・リーグがサイドスローの選手が出していれば、ぼくは選ばれなかった」

プロ野球選手と共にグラウンドに立つことは楽しかった。

「ファーストが（新日鐵君津出身の）松中さん。先輩をバックにぼくが投げているって凄いなって。もうわくわくしましたね」

日本代表は予選リーグを勝ち抜いたが、準決勝でキューバに、三位決定戦で韓国に敗れて、メダルを逃した。渡辺は予選リーグのイタリア、キューバ戦に登板している。準決勝、三位決定戦では出番がなかったが、小学生のときの夢の一つ、オリンピック選手になることを叶えたのだ。最高の思い出作りになったと満足していた。

渡辺が不在の間に新日鐵君津は二年連続地区予選を勝ち抜き、社会人野球日本選手権の出場権を獲得していた。
オリンピックに出場した渡辺はこの全国大会で最も注目される選手の一人となっていた。初戦の北信越代表のTDK千曲川戦を報じる『毎日新聞』では渡辺の写真が大きくあしらわれている。
〈5本塁打の長打攻勢で新日鉄君津が日本選手権初勝利を豪快に飾った。投げては五輪代表の渡辺が貫禄の投球を見せた。初出場の昨年は投手陣が自滅して初戦敗退。「1勝にこだわっていたので良かった」と八月から指揮を執る露無監督はホッとした笑顔を見せた〉

八月、監督は應武から露無博文に代わっていた。

〈「今夏の都市対抗4強入りの経験が大きい」と露無監督は言う。先発の領家を五回から救援した渡辺は、丁寧にコースを突き、2安打6奪三振無失点の好投。TDK千曲川の打者は「手元で球が伸びて、打てない」と嘆いた。「大舞台で投げたことが自信になった」と渡辺。「(五輪から)帰ってきて、また大きな試合ができてうれしい」と、選手権出場を決めたチームメイトへの感謝を込めた〉(二〇〇〇年一〇月一五日)

新日鐵君津は準々決勝で近畿代表の日本生命に敗れている。そして翌一一月のドラフト会議を迎えることになった。

七

ドラフトで指名されるかもしれないという期待はあった。

オリンピック代表の打撃練習で中村紀洋から「お前のインコースの球は打てん」と褒められたことがあった。中村は「近鉄（のスカウト）に（獲るように）言っておくよ」とも言った。しかし、自分がプロ野球選手になれる気はしなかった。

「当時、一三〇キロぐらいの（球速しか出ない）プロ野球選手っていなかったんです。阪神タイガースの星野（伸之）さんとか（遅い球を得意とする）いましたけど、最初から遅かったわけではない。もともと球が遅い選手っていうのはプロ野球選手になれないと思っていました」

監督から外れた後も、新日鐵君津野球部の対外的な窓口は應武だった。

「應武さんは選手にあんまり伝えない人だったので、ぼくは（プロ野球球団から打診があったかは）全く知らなかったです」

ただし——。

「うちの嫁さんが人事（部）にいて應武さんの隣に座っていたんです。だから、なんか（プロ野球球団からの誘いが）来ているらしい、可能性はあるって」

スポーツ紙のドラフト指名予想に渡辺の名前が出ることもあった。しかし、「Cランク」だった。自分は際にいる選手だ、指名されるとすれば下位になるのだろう。そんなに期待しないことだと思っていた。

ドラフト会議の一一月一七日、渡辺はいつものように全体練習の後、ウエイトトレーニング室に籠もっていた。スクワットをしていると階下からマネージャーが「こなべー」と呼ぶ声が聞こえた。渡辺は「はーい」と大きな声を出した。

「チームに先輩の渡辺さんがいたので、〝おおなべ〟と〝こなべ〟って呼ばれてました」

マネージャーは「おめでとう、ドラフト四位だ」と言った。渡辺の口から思わず「えっ」と声が出た。そして「ありがとうございます」と頭を下げた。四位であることは全く気にならなかった。

「何位でも良かったです。六位でも七位でも喜んで行ったと思います」

指名されたのが千葉ロッテマリーンズであったことも嬉しかった。妻はこのまま働き続けるつもりだった。それならば千葉に本拠地を置くマリーンズならばいいねと二人で話し合ったことがあった。

「やった、千葉だって思ったんですけれど、自分は千葉ロッテのことを何も知らないなって。知っているのは、シドニーで一緒だったジョニー（黒木）、その他は小坂（誠）さんという足の速い人がいること、そして初芝（清）さんぐらい」

新日鐵君津には他にもドラフトで指名される可能性のある選手が何人かいた。そのため、派手に喜んではならないと自制したという。それ以外、ドラフト当日のことはあまり覚えていないと申し訳なさそうな顔をした。

「色んな人からいっぱい電話がありました。父親にしたのかな……掛かってきたのかもしれません。次にはっきりと覚えているのは指名の挨拶で江尻さんが来たときのことですね」

マリーンズの編成部長だった江尻亮と應武と三人で近くの寿司屋に行った。寿司をつまみながら地元の吟醸酒を飲んだ。そのとき江尻が「酒は純米がいい」と言ったことが印象に残っている。

それからしばらくして背番号を決めることになった。

「本当は四〇番台と五〇番台を用意してくれたようなんですが、應武さんが〝社会人から入るのに背番号ぐらい良いのを用意しろ〟って言ってくれたらしいです。そうしたら三〇番台が来たんです。三一、三五、三六、三七とか四つぐらいあったんです。その中でぼくは三六にしようと思っていました」

ある日、圧板工場の部長室に呼ばれた。新日鐵本社の部長であり、新日鐵君津の工場長でもある西岡潔の部屋だった。

「以前からよく部長とお茶を飲んでいたんです。このとき、なぜか應武さんと三人で背番号の相談になった。そうしたら西岡部長はこの中だったら断トツで三一番がいいんだって。なぜ三一番がいいのか延々と語り始めたんです」

大阪大学大学院で精密工学を専攻し、英国のケンブリッジ大学にも留学経験のある西岡は数字に対する拘りがあった。

「はっきりと覚えていないんですが、どうやら色んな意味で良い番号だということで三一になりました。ぼくは西岡さんが（阪神タイガースの）掛布（雅之）さんのファンだから（彼の背番号である）三一かなと思っていたんですけれど、そうではなかった」

後に西岡から「お前のWikipediaに俺が掛布ファンだから三一にしたって書かれているけど、そうじゃないぞ」と叱られたのだと首をすくめた。

「三一にしますって返事してから、小関も西武（ライオンズ）で（背番号）三一だな、被っちゃうなって思ったんです」

この年のドラフトでマリーンズは一位から四位まで投手を指名している。その中で二四歳の渡辺は最年長だった。そしてその年齢の意味をよく理解していた。

「社会人卒で最年長、チームにはアンダースローもいないので即戦力にならなきゃいけないと思っていました。とにかくアピールして結果を出すしかない」

合同トレーニングの初日からピッチングを披露できるように準備していた。コーチが視察に訪れると聞いていたからだ。

「初日からアピールしようっていう作戦でいきましたね。一軍のキャンプに連れて行ってもらうためにいいピッチングをしようと」

その目論見通り鹿児島の鴨池野球場で始まったキャンプに一軍帯同している。

ブルペンでは、キャッチャーミットから小気味のいい音が鳴り響いていた。そんな中、球速で劣る渡辺の音は控えめなものだった。周囲を気にしてはならない。自分のやれることをやればチャンスがあるはずだと言い聞かせていた。

「一五〇キロを投げるような他の人たちとは比べようがないんです」

渡辺が考えたのは、他の下手投げの投手を研究、分析し、取り入れることだった。

「現役だとほとんどいなかったので、テレビ東京のロッテ担当の方に頼んで、過去のアンダースローの映像を集めてもらったんです。杉浦（忠）さん、足立（光宏）さん、山田（久志）さん、松沼（博久）さん」

杉浦は一九三五年生まれ、立教大学から南海ホークスに入り、五九年には三八勝、勝率九割五厘という破格の成績を残している伝説的投手である。

「ぼくはもう少しコントロールを良くしたかったので、どうしたらいいだろうって（映像を）観ていました。そうしたらコントロールの良いアンダースローと悪いアンダースローの違いがあることに気がつきました」

その差とは、軸足――右投げの場合は左足の下ろし方だった。

「アンダースロー投手の左足の上げ方は、それぞれ個性があります。足立さんのように軽くすっと上げる投手、山田さんのように胸まで引きあげる人、あるいはつま先を振り子のように振り上げる人。コントロールのいい投手はどんな上げ方をしても、打者に向かって踏み出す前に、必ず左足を右足の真横に一回下ろしているんです。逆にコントロールの悪い投手は足を回して、遠回りさせている。その方が反動を使えるから勢いがつくのですが、（躯の）開きが早くなりやすく、ボールを前で放すのが難しい」

上げた足をそのまま斜めに踏み出すのではなく、まずは真下に降ろし、両足の踝を近づけてから、打者に向かって踏み出す――。そして躯の柔軟性を活かして、なるべく球を離す瞬間がぎりぎりまで見えないように工夫した。いつ球が出て来るか分からなければ、打者はタイミングが取りづらい。

渡辺が手本にしたのは、杉浦と足立の二人だった。

その他、上手投げの投手の投げ方も自分なりに咀嚼《そしゃく》して取り入れている。

「そうしたものが自分の中でマッチした辺りからコントロールが良くなってきました。いわば、ぼくは全部、後付けの投手なんです。ぼくは躯が柔らかいことと、止まる能力以外はない選手なので」

渡辺の意味する後付けとは、自然にできたものではなく、試行錯誤しながら習得したということだ。

渡辺の長所を付け加えるとすれば、この考える力だろう。

「生き残る奴ってみんなそうじゃないですか。プロ野球って能力の高い人間が集まっている。みんなぎりぎりのところでやり合っている。本当の天才以外、生き残るには適応力が必要だと思いますよ」

渡辺がマリーンズで結果を残すようになったのは、三年目の二〇〇三年からだ。この年は九勝、翌二〇〇四年は一二勝、二〇〇五年には一五勝を挙げている。さらに二〇〇六年、二〇〇九年のWBC（ワールドベースボールクラシック）日本代表にも選ばれた。

中学、高校、大学時代を無名で過ごした男が日本を代表する投手の一人になったのだ。大器晩成ですね、とぼくが感想を漏らすと渡辺は「大器晩成」と口の中で言葉を転がすように復唱した。

「大器晩成というよりも、本当にぎりぎりで間に合ったという感じですね。ぼくはいつ野球を辞めてもおかしくなかった選手でしたから」

そうでなければ、ぼくは今頃、家業を継いでいたでしょうと微笑んだ。ワタナベ土木を継ぐことになったのは、子どもの頃、渡辺よりも野球の才を見せていた弟だった。弟は高校時代に腰を故障して野球を諦めていた。

プロ野球でやっていけたのも、その時々で助けてくれる人と出会ったからだと静かな口調で付け加えた。

振り返ってみると、自分はドラフト四位で良かったと思うことがある。

「(上位指名というのは)みんないじりたがる。俺が良くしてやったと言いたがる。特に高卒のドラフト一位っていうのは色んな人が色んなことを言うので混乱してしまう」

ゆっくりと、そして周囲に惑わされることなく少しずつ前へ——渡辺の歩んできた野球人生は、ドラヨンの一つの理想型なのかもしれない。

渡辺俊介（わたなべ・しゅんすけ）

1976年8月27日、栃木県出身。國學院大學栃木高校時代、甲子園出場は叶わず、國學院大學を経て、新日鐵君津へ入社。社会人野球での活躍が認められ、シドニー五輪日本代表に選出。2000年ドラフト4位で、千葉ロッテマリーンズに入団。2003年から先発ローテに定着すると、2005年の日本一の原動力となった。2006年、2009年WBC日本代表として世界一。プロ野球でも希少なアンダースローとして活躍した。現在は日本製鉄かずさマジックのコーチを務める。

CASE 3

和田一浩

96年ドラフト4位

西武ライオンズ

一

和田一浩が野球に魅せられたのは幼稚園のときだ。

シーズン中はほぼ毎日、テレビに映し出される中日ドラゴンズの試合に見入っていた。テレビ中継時間内に試合が終わらないときは、布団の中に入ってラジオ中継に耳を澄ます。そして試合結果を確認してから、眠りについた。将来の夢は甲子園に出場し、ドラフト会議で指名されてプロ野球選手——ドラゴンズの選手になることだった。

和田は一九七二年六月一九日に岐阜県岐阜市で生まれた。愛知県に隣接している岐阜県は名古屋文化圏に入る。名古屋を本拠地にするドラゴンズに夢中になったのは自然の流れだった。

彼を野球の道に導いたのは、母親だった。

「母親がソフトボールをやっていました。土日の早朝にやっている〝ママさんソフト〟です。そこにぼくはついていくのが好きでしたね」

きょうだいは姉と妹が一人ずつ、男子は和田一人である。

「父親は野球をやっていなかったので、キャッチボールの相手は母親でした。幼稚園の頃から近くの原っぱで、（軟らかい球を）腕で打つ三角ベースをやってました。二人とか三人でもできるじゃないですか」

　鷺山小学校三年生のとき、鷺山スポーツ少年団で本格的に野球を始めている。ポジションは捕手だった。

「結構ぽっちゃり、だったんです。はっきり言うとデブです。太っていたから最初からキャッチャー。ぼくはもの凄くピッチャーに憧れていたんですけれど、キャッチャーしかやらせてもらえなかった」

　憧れの選手は背番号九をつけた中尾孝義だった。中尾は専修大学からプリンスホテルを経て、八〇年のドラフトでドラゴンズから一位指名された捕手である。

　小学生時代は県大会にも出場したこともなく、目立った成績はない。

　小学校卒業後、地元の青山中学校に進んだ。どこにでもある公立中学校の野球部だったという。そこですぐに出場機会を得られた、というわけではなかった。

「この年代の一学年の差って大きい。ぼくが今でも覚えているのは中学に入ったとき、三年生の先輩に髭《ひげ》が生えていたこと。体力的にも全く違っていた。だから、レギュラーになったのは三年生になってからです」

　打順は四番でしたか、と訊くと自信なさげに、たぶんそうでしたと答えた。

「軟式（野球）だったので、そんなにパカーンと（球が）飛ぶわけじゃない。ぱかぱかホームラン打ったなんてこともないです」

中学三年間で和田の身長は急に伸び、野球部の練習が厳しかったこともあり、痩身になったという。

高校は和田の自宅から徒歩で五分ほどの県立岐阜商業を選んだ。

「ぼくたちの頃、高校野球って言えば県岐阜商だったんです。学校がどうのこうのっていうよりも、甲子園に出るならば県岐阜商。高校の先生にもぼくは〝野球をやりたいんでここに来ました〟って言っていたぐらいです」

県立岐阜商業は岐阜市立岐阜商業と岐阜市立女子商業が四八年に統合してできた公立高校である。卒業生にドラゴンズで監督を務めた高木守道がいる。その頃、岐阜商業は四年間連続で夏の甲子園に出場していた。

「公立高校なので（私立高校のような）特待やスポーツ推薦がない。一般（入試）だけなんです。野球部には誰でも入れるので、新入生は七〇人ぐらいいました。それがだんだん減って最後は三十何人ぐらいになったんじゃないですかね」

和田が入学した年、八八年夏の県大会で県立岐阜商業は決勝で大垣商業に敗れ、甲子園の連続出場が途切れている。この試合を和田は観客席から応援していた。

新チームになり、時折試合に起用されるようになった。県岐阜商業は秋に行われた県大会で優勝。東海大会では準々決勝で敗れたものの、翌春の選抜大会の出場権を得た。

和田は控えの捕手としてベンチ入りし、甲子園の土を踏んでいる。県立岐阜商業は三月三一日の第一試合で愛媛県の西条と対戦した。二回に三点を先制。七回に同点に追いつかれるが、八回に二点を取り試合を決めたかに思われた。

ところが――。

〈雨が一段と強く降り出した九回、三塁手へのイージーボールが水溜まりで止まって内野安打になるなどの不運に。勝利へのあせりが加わってナインはミスを連発。雨のため決め球のスライダーが投げられない林も力尽き、最後は曽我部に直球を左前に運ばれ、逆転。熱闘にピリオドが打たれた〉（『岐阜新聞』一九八九年四月一日）

この試合で和田は代打で出場したが、二塁への凡打で終わっている。

「当時の甲子園って今と違って水はけが悪かったんです。雨がひどくてベンチの中に水が溜まっていました。もうスパイクでジャバジャバさせながら歩くような状態です。代打で出たときは、とにかくバットが滑る。今みたいに松ヤニのスプレーや手袋を使えなかった。打つよりも（バットを）滑らないようにするのが精一杯でした」

この日の『岐阜新聞』には和田の言葉も載っている。

〈最終回はブルペンにいて知らないうちに負けていた。代打の時は攻める気持ちで立ったが、差し込まれた〉

和田にこの記事を見せると、そんなこと言っていますかと驚いた顔になった。そして、全く覚えていませんとかぶりを振った。ただ、雨のせいで負けてしまったと悔しくて仕方がなかった記憶があるという。

天候に翻弄されたというのは事実だろう。この日は降雨により、第二試合以降は順延となっている。

二

選抜の後、春の県大会から正捕手だった三年生の三橋広章が左翼手に移り、和田が捕手として先発起用されるようになった。

「半年間ウエイト（トレーニング）をやって筋肉がついた。そうしたら足も速くなって、打球も飛ぶようになった。それで一番（打者）キャッチャーで使われるようになったんです」
夏の県大会前のチーム紹介に、和田に関する記述がある。
〈センバツでは、西条（愛媛）に雨中の激戦でサヨナラ負け。それだけに「夏に甲子園での借りを返す」とナインの意気込みは熱い。（中略）三橋、服部、小川、和田らが夏に向けて徐々に調子を取り戻し、打線に迫力が戻ってきた。総合力は他校をしのぐだけに、受けに回らなければ春夏連続出場は堅い〉（『岐阜新聞』一九八九年七月一九日）
予想通り、県立岐阜商業は初戦で多治見に七対〇、七回コールド勝ちしている。しかし、そこに和田の名前はない。
〈この日は、センバツ以降、主砲・三橋を捕手から外野にコンバート、二年生の和田にマスクをかぶらせてきたが、小川監督は三橋を正捕手に戻してゲームに臨んだ。「守備を重視した布陣。無駄な失点を許さないことが甲子園の必要条件」〉（『岐阜新聞』一九八九年七月二六日）
監督の言葉通り、県岐阜商業は手堅く勝ち続けていく──。大垣商業戦、準々決勝の大垣東戦、準決勝の斐太戦まで四試合連続コールド勝ち。決勝では岐阜南を六対四で下した。

和田は準々決勝の大垣東との試合に代打で出場、三塁打を放ち打点三を記録している。出番はこの一度のみだった。

和田さんの守備は不安定だったのですかと尋ねると、ふぅっと小さくため息をついた。

「それはちょっとぼくには分からないです。どちらかと言えば攻撃的な選手であったとは思います。監督の考えがあったんでしょうね」

かなり悔しかったですよ、と小さな声で言った。

夏の甲子園で印象に残っているのは各校の選手たちが揃う開会式だった。選抜で準優勝していた大阪府代表の上宮高校の元木大介の姿を見たとき、うわっ、元木だと呟いた。

「元木さんは一個上で、もの凄いスーパースターだったので」

県立岐阜商業は一回戦で佐賀県代表の佐賀商業と対戦している。佐賀商業も県立岐阜商業と同じ公立高校であり、全国に名を知られた野球の強豪校ではない。県立岐阜商業にとって悪くない組み合わせのはずだった。

しかし、〇対四の完敗――。

「やってみたら全く歯が立たない状態でした。よく〇対四で終わったなっていうぐらい。〇対一〇ぐらいになってもおかしくない試合でした」

ちなみに元木の上宮は準々決勝で宮城県代表の仙台育英に敗れている。仙台育英の監督は竹田利秋、投手は大越基である。仙台育英は準決勝で香川代表の尽誠学園を下し決勝に進出したが、東東京代表の帝京に敗れた。

敢えて夏の甲子園で得たことを見つけるとすれば、自分の視野が狭かったことを思い知らされたことだ。

「ぼくら公立高校っていうのは、たまにちょっと遠征に行くぐらいで、（県外の）強豪校と練習試合をすることがないんですよ。もちろん（隣県、愛知県の）享栄、東邦、中京とかと練習試合をしていましたけど、その辺りとはどっこいどっこい」

唯一、中京大学附属中京高校と練習試合をしたとき、印象に残っている選手がいた。キャッチャーミットを構えていた和田の目の前でもの凄い打球を放ったのだ。彼は法政大学に進み、九四年のドラフト会議でヤクルトスワローズから三位指名された。稲葉篤紀である。

「いざ（甲子園に）出てみると、やっぱり全国ってすげえな、みたいな。（投手の）ボールの速さも含め野球のレベルが違っていた」

岐阜県内では頭ひとつ抜けていることで、夏の甲子園には出場できるという、いわばぬるま湯のような環境だった。日本全国に散らばっている同年代の才能ある選手と伍していくという感覚がなかった。

「だから実際に対戦すると面食らう部分があった。佐賀商だって名前を見たら負ける気はしなかった。感覚的には勝てるだろうと。ところが向こうのバッターの振りが鋭いんです。そして、岐阜県内では打たれなかったエースの人が、カンカン打たれる。やっぱり違うなと思いました」

ただ、こうも考えていた。大切なのは最上級生になってからだ。自分にはもう一度、夏があるのだと。

三

和田はプロ野球選手になりたいという夢を周囲に語ったことはなかった。ただ、高校三年生になった頃、その夢は少し形になりつつあった。プロ野球関係者から目を付けられる存在になっていたのだ。

夏の県大会の前に掲載された県立岐阜商業の紹介記事を引用する。

〈甲子園組が三人残り、好守を引っ張る。投手の力不足を爆発力のある打線で補い優勝を狙う。打の中心はコンスタントに長打を放つ和田。上位打線は足もあり、機動力を使った攻めが随所に見られる。守りはセカンド河村、ショート加藤が活発に動き、連携プレーも安心。外野は強肩

だが、飛球に対する判断力が不安。投手は左の蔵本の先発完投が理想だが、上田、志田の継投も〉
（『岐阜新聞』一九九〇年七月一八日）

この年も出足は順調だった。決勝まで四試合のうち、三試合がコールド勝ち。和田は一八打数一〇安打で打率五割五分六厘、打点八という好成績だった。

決勝の相手は春の県大会の決勝でも対戦した美濃加茂だった。

大会前に『岐阜新聞』が指摘していた〈投手の力不足〉が露呈していた。

「エースがもう連投連投で疲れちゃって、決勝戦はへろへろになってました。ぼくはキャッチャーとして球を受けているわけですから、すぐに分かります。試合の最初から疲れ切っている。やばいなぁと思っていました」

和田の危惧は的中した。

二回、一点を先制された後、走者二人を置いて九番打者に場外本塁打を打たれた。続く三回にも二点を失い、〇対六となってしまった。六回に和田が打ち一点、九回に二点を返したものの、三対七で敗れた。

突然、頭の上から幕を被せられて、目の前が真っ暗になったような感覚だった。

「岐阜県内で負けて甲子園に出られない、ってことは考えたことはなかったです。甲子園に出てどこまで勝てるか、だったんです。中学校と比べると高校の練習は相当きついじゃないですか。高校生のときは、苦しいことの方が多くて良い思い出はないですね」

決勝戦後の大会総評が掲載されている八月一日の『岐阜新聞』には〈プロからも注目されているという和田一浩（県岐阜商）も強肩強打で球場を沸かせた〉という一節がある。しかし、甲子園に出場できなかったことで、和田自身はプロ野球に進むことを諦めていた。

「夏（の県大会）が終わったときに進路指導があって、（野球部）部長と面談したときに〝大学に行きなさい〟という話をされました。今の実力だったら大学に行ってもっと練習した方がいいと」

それまで和田は大学進学を検討したことがなかった。

「甲子園に出て、プロに行くつもりだったんです。だからどこの大学が強いというのも全く知らなかった。唯一知っていたのは、東京六大学野球リーグ。じゃあ、六大学に行きたいと思ったんです」

県岐阜商業と繋がりがあったのは、明治大学野球部だった。そこで明治大学のスポーツ推薦を狙うことにした。

しかし、明治大学野球部には全国の高校から入学志望者が集まってくる。その中で、甲子園に二度出場しているとはいえ、打席に立ったのはたった一度という和田の経歴は物足りない。自分の置かれた立場を痛切に感じたのは、調布市にある明治大学のグラウンドでセレクションを受けたときのことだ。

「一〇〇人以上いたでしょうね。その中で甲子園の有名組と、そうでない組、そして外れ組に分けられるんです。ぼくはもちろん外れ組でした。バッティングはしたのかな。遠投とか（短距離走の）タイムを取ったのは覚えています」

スポーツ推薦で不合格。その後、一般推薦でも不合格。さらに一般学生に交じって入学試験も受験している。

「勉強しても合格レベルには到底届かないんですけれど、一応家庭教師をつけてやっていましたね」

二月、合格発表に和田の名前はなかった。明治大学以外の大学は受験さえしていなかった。

「行けるつもり、というかもうそこだけって感覚でしたね」

和田は冷たく笑った。

どうすればいいのか、途方に暮れていたときに一本の電話が入った。東北福祉大学の硬式野球部監督の伊藤義博からだった。東北福祉大学には二次募集があり、願書提出の〆切が翌日だという。

「郵送していると間に合わないので、部長と親と三人で仙台まで新幹線で願書を持っていきました」

東北福祉大学は六二年創立の宮城県仙台市にある私立大学である。八四年に伊藤が監督に就いてから野球部に注力しており、八七年、八八年と二年連続して全日本大学野球選手権で準優勝していた。その主力投手である佐々木主浩は八九年に横浜大洋ホエールズからドラフト一位指名されている。

拾ってもらえたんですね、と和田は呟くように言った。

ただ、少しでも明るい気分になったのは、仙台という街が思ったよりも都会だったことだ。

「ぼくはそれまで西は甲子園、北は石川、富山ぐらい、東は横浜までしか行ったことがなかったんです。東京は明治（大学野球部）のセレクションで初めて行きました。願書を持っていくときに仙台に行ってみたら、駅前がすごいじゃないですか。あれ見てすげぇとか言ってびっくりしていました。それまでずっと田舎だと思っていたんです」

四

九一年四月、和田は東北福祉大学に入学した。

東北福祉大学硬式野球部は仙台六大学リーグに所属している。しかし、監督の伊藤が見ていたのは、大学野球選手権などの全国大会だった。

「全国に行ってどこまで勝つか。そのためには練習です。東京の大学生たちは毎日五時間練習している。ならばお前たちは一〇時間するように言われました」

和田が一年生のときの四年生には才能ある選手が揃っていた。中でも和田が記憶しているのは、金本知憲である。

金本は東北福祉大学野球部の位置づけを象徴するような存在だった。

ぼくは二〇〇九年頃、金本に何度か話を聞いている。

広島県の強豪校、広陵高校出身の金本もやはり六大学リーグに所属する法政大学を志望していた。

「(広陵)学校側はセレクションは一二月にあるというので、待っていたんです。そうしたら八月に終わっていた。ほとんどの大学のセレクションは八月だったので行き場なしです。名門高校のレギュラークラスが浪人するなんて前代未聞のことですから」

金本は甲子園出場経験こそなかったが、二年生のときに広島県大会決勝に進んでいる。

「(翌年)ある人から中央大学を紹介された。野球(のセレクション)は通ったんです。でも、浪人しているから推薦(入学の扱い)にならない。当時の監督は野球(の実力)は良かった、でも入学の保証はできないので一般試験で来てくれって。でも、勉強なんかしていないじゃないですか。うちの学校(の野球部関係者)は〝中央に決まったから大丈夫だ、一般試験で通るようになっている〟というんです。あんまり不安なので中央大学のマネージャーに電話して聞いたら、とっくに広陵には取らないと断っていると」

このままではもう一年浪人することになる。さすがに二浪すればプロ野球選手にはなれないだろうと、金本は絶望した。

「それでふっと上がってきたのが、国士舘大学と東北福祉大学。最後まで迷って、福祉大学がこれから強くなりそうな感じがあったので二浪寸前で滑り込みセーフ」

東北福祉大学は、東京六大学あるいは東都大学リーグからこぼれ落ちた選手の集まりだった。その劣等感は野球部の選手たちを後ろから推す力となっていた。

入学してすぐ和田は金本の打撃に目を見張った。

「金本さんのバッティングはやはり凄かった。当時の仙台六大学リーグは弱かったんです。相手ピッチャーの球が遅いと金本さんは、公式戦なのにマスコットバットを持ち出して打ってましたから」

マスコットバットとは素振りに使う、通常よりも重いバットのことだ。トレーニングバットとも呼ばれる。

「もう球が遅ぇから、みたいな。それぐらいレベルは（突き）抜けていましたよ」

監督の伊藤は和田の打撃の才を認めたのか、一年生の春季リーグからベンチ入りさせ、一塁手として時折起用している。六月に行われた全日本大学野球選手権で東北福祉大学は関西大学を破って初優勝を成し遂げた。

一一月、ドラフト会議では東北福祉大学に在籍していた五人の四年生の名前が呼ばれている。横浜大洋ホエールズ一位の斎藤隆、福岡ダイエーホークス二位の作山和英と三位の浜名千広、広島東洋カープ四位の金本、読売ジャイアンツ四位の伊藤博康である。

東洋大学の桧山進次郎が阪神タイガースから四位指名された年でもある。

「当時は地方の大学からプロに行くというのはほとんどなかった。六大学じゃないと駄目だと思っていたんです。それで五人も指名されるって、なんだって思うじゃないですか。この大学ってプロ行けるんだって」

八九年のドラフトで指名された佐々木主浩とはすれ違いのため、しばらく同じ大学出身だと気がつかなかった。そのため、この年のドラフトで和田はプロ野球が初めて身近に感じられたのだという。

和田はこの大学を選んだのは正しかったと自信を持つようになっていた。

「監督の伊藤さんの方針で上下関係は厳しくなかった。その分、野球を一杯やれ、と。ぼくらは〝クジラクジラ〟って言っていたんですけれど、朝九時から夜九時まで練習するのが当たり前。午前中シートノックを三時間、ご飯食べて、昼からバッティングみたいな感じ」

捕手である和田は投球練習に付き合わなければならない。打撃練習はその後ですか、と訊ねると「はい」と頷いた。

「四時間、五時間ずっと打ちっ放しだから、幾らでも時間はあるんです。毎日野球漬けです。終わったらへろへろでした」

嫌になるも何もやらなきゃいけない雰囲気だったんですよと笑った。

「強くなろうというよりも時間をこなさなきゃいけない。だからとにかく忍耐力はつきました。今の時代ならば効率を考えるので、馬鹿な練習をしているという風だったのかもしれません」

二年生から四年生の捕手が肩を故障したため、和田が正捕手となった。

正捕手になったことは嬉しかったが、近隣の社会人チームとの練習試合は気持ちが重かった。

「要するに大学生じゃ相手にならないという考えです。仙台だけでなくて東京へ遠征に行っても社会人相手に試合をするんです。それで相手は金属バットなんで、ぼっこぼこ打たれるんですよ」

東北福祉大学は公式戦と同じ木製のバットを使用する。ハンディを与えられての試合である。

「当たれば飛んでいくから、ボッコスカやられるんですね。それでも抑えろって。打たれたらめっちゃ怒られるんですよ。監督はピッチャーには優しいけど、キャッチーに厳しかった。お前の配球が悪いんだって、もうぼっこぼこに殴られる。そういう意味ではメンタルが鍛えられましたね」

監督には口答えはできない。和田は一学年下の後輩投手とマウンド上で、どうやって打者を抑えようかと頭を突き合わせて悩んだ記憶がある。

この長身の投手は一年生から試合に起用され、三年生から主戦投手となった。九五年ドラフトで逆指名制度を利用して二位で中日ドラゴンズに入った門倉健である。

和田が主力となってからの東北福祉大学は、監督の伊藤が目指したような全国大会で上位に食い込む成績はない。四年生の全日本大学選手権では準々決勝で近畿大学に三対四、秋の明治神宮野球大会では一回戦で九州東海大学に〇対六で敗れている。

それでも有望な選手が所属する東北福祉大学にはプロ野球球団のスカウトがしばしば姿を現していた。四番に座っていた和田もプロ野球を意識するようになっていた。

和田が四年生時、九四年のドラフトは駒澤大学の河原純一、プリンスホテルの宮本慎也、新王子製紙春日井の黒木知宏などめぼしい選手は逆指名制度を利用していた。彼らはそれぞれ、読売ジャイアンツ、ヤクルトスワローズ、千葉ロッテマリーンズに入っている。

この日、和田は室内練習場でトレーニングをしていた。

「多分、下位でも良ければ、プロから声は掛かっていたと思うんです。でも伊藤さんはプロにはやらない、社会人に出すと決めていた。〝指名はないだろう、社会人に行け〟みたいな感じで言われてました」

事前に話がなくても、会議の席上で翻意した球団が、自分を指名するかもしれないという淡い期待があった。しかし、指名はなかったと知り、和田は肩を落とした。

「大学でプロに入れなかったら、もう無理だなって。同年代に対する意識はもちろんありました。河原は対戦したことはないですけれど、合宿か何かで会ったことはあります」

同じ捕手では日本大学の北川博敏がやはり逆指名制度で阪神タイガースから二位指名されていた。

「大学で試合に出るようになってから、ちょくちょくジャパン（日本代表）の名前がつくようなところには呼ばれるようになっていたんです。それでも北川がメインのキャッチャーでぼくは補欠。（北川に）負けていないという気持ちはありましたけれど、周りから認めてもらえなかった。あっちの方がビッグネームでしたよね」

その評価の根底には、北川が東都大学リーグの選手だということがあったろう。

あのときは、ドラフトに掛からなかったという挫折感がありましたね、と言い終わった後、長く息を吐いた。

そして、和田は伊藤が決めた神戸製鋼に就職することになった。

五

神戸製鋼硬式野球部は兵庫県加古川市に本拠地を置く社会人野球チームである。一九五一年に創部、三年後の五四年の都市対抗野球に初出場している。七七年には優勝経験もある。

「ぼくが入った頃は都市対抗にちょこちょこ出るぐらいで、強豪（チーム）ではなかったです。野球を続けるには社会人に行くしかない。どこに行こうが関係なかったですね。プロは諦めていなかったので、社会人で二年間頑張って、ドラフトに掛けられるような選手になるしかない、っていう感じでしたね」

神戸製鋼でも生活は野球中心だった。

「午前中、会社に顔を出して昼から練習。大会期間中は朝から練習です。まともな仕事はしていないです。パソコンの前に座って、データを打ち込む。大事な仕事は任されない。一応、顔を出して、じっーと午前中を過ごして、昼飯を食ったら球場に出かける、みたいな」

この神戸製鋼での経験が和田の一つの転機となった。一つは金属バットである。

「大学は木（製バット）、社会人は金属（バット）。大学のとき、バッティングにそんなに自信がなかった。仙台（六大学リーグ）では打ってても、全国で打ったという記憶があまりない。良いピッチャーが出てきたら打てなかった。それが金属を持つと、社会人のどんなピッチャーが来ても打てる、バッティングだったら誰にも負けないっていうぐらいになったんです。余りないパターンだと思うんですけれど、ぼくは金属になって伸びたんです」

金属バットは木製バットよりも反発係数が高い。また芯に当たらなくとも鋭い打球を飛ばすことができる。技術的な上積みはなかったが、打てるという自信がついたことで精神的に変わったと和田は分析している。

そしてもう一つはウエイトトレーニングである。

「社会人になって滅茶苦茶ウエイトトレーニングさせられたんです。死ぬほどウエイトさせられました。それで伸びたというのもあるかもしれない」

ぼくは全てにおいてスイッチが入るのが遅いんですよと、しみじみした調子で言った。

「プロに入る選手ってエリートって思われているじゃないですか。ぼくはそういうのが全くなかった。逆に自信を全て折られながら来ている。自信があったつもりが、全部通用しない。そんなことばかりでしたね。それが社会人になってようやくバッティングに自信が持てるようになった」

社会人二年目、九六年に神戸製鋼は三年ぶりに都市対抗野球に出場している。

この大会で注目されたのは、約三週間前にアトランタオリンピックで銀メダルを獲得した選手たちだった。日本生命の福留孝介や新日鐵君津の松中信彦、三菱自動車岡崎の谷佳知、日本石油の川村丈夫、小野仁、である。

神戸製鋼は初戦で東京都代表のプリンスホテルに一三対〇、七回コールド勝ちを収めた。四番の和田は三打数二安打、二塁打を一本放っている。続く二回戦で三菱重工神戸に三対九と敗戦。和田は三塁打を一本を含む、四打数二安打だった。

主催の『毎日新聞』は二試合とも大きく紙面を割いているが、和田には触れていない。オリンピック出場の福留、あるいは二回戦で新日鐵八幡を完封し〈入来鮮やか一安打完封〉と大きな見出しと写真入りで報じている本田技研の右腕、入来祐作とは対照的だ。

入来は和田と同じ年である。入来はＰＬ学園、亜細亜大学という道を辿った。

「入来は大学のときが一番凄かった。真っ直ぐが速くて一五〇キロぐらい出ていた。とんでもなく速いピッチャーだなというのは覚えてますね」

四年生のとき、肩に血行障害が見つかり、ドラフト指名されず本田技研に進んでいた。

和田自身は金属バットを使用したことで一皮剝けたつもりであったが、まだまだ華々しい経歴を持つ同年代の選手の陰に隠れた存在だった。

ドラフト会議が近付くと、アトランタオリンピックの代表選手である、松中信彦、谷佳知、川村丈夫、小野仁、そして青山学院の井口忠仁、東洋大学の今岡誠など、主たる選手は逆指名で球団が確定した。その他、入来も読売ジャイアンツを逆指名している。

ドラフト前日、一一月二〇日の『朝日新聞』は〈今年は四年に一度の五輪年。逆指名権を持つ社会人、大学生に有望選手が多いことから、三年ぶりに「くじ引き」のないドラフトになる公算が大きい〉と書いている。

東北福祉大学の監督、伊藤から今年のドラフトで指名されそうだという連絡が入っていた。

「色んな繋がりがあって、西武（ライオンズ）に行けと。話はもうできていました。はっきりと順位までは聞かされていませんでしたけれど、名前が売れていなかったというのもあるでしょう、上位では指名されないことは分かっていました。ただ、〈金銭的には〉上位の評価はしてもらえるという話でした」

和田によると、千葉ロッテマリーンズからも誘いがあったという。

ただし、青山学院の捕手、清水将海がマリーンズを逆指名していた。捕手は投手や外野手と違い、ポジションが一つしかない。そして正捕手は固定されがちである。ドラフト上位の清水に優先的に機会が与えられ、和田は冷遇されるだろう、マリーンズは避けたほうがいいというのが伊藤の判断だった。

一一月二一日、千代田区のホテルグランドパレスでドラフト会議が行われた。この日のことはよく覚えていますよと和田はにっこりと笑った。

「ドラフトに掛かるというので、神戸製鋼の事務所で待機していました」

事務所のテレビではドラフト会議の中継が流れていた。この年は一位が終わると中継は終了した。そこからが長かった。日がとっぷりと暮れた頃、電話が鳴った。ライオンズから四位で指名されたという知らせだった。

「もう、めちゃめちゃ嬉しかったですよ。四位だっていうのは全然気にならなかったですね。プロに入れるだけで嬉しかった」

ある意味、人生の中で一番喜んだ瞬間じゃないですかね、と和田は相好を崩した。

「（神戸製鋼では）寮生活で給料も安かった。色んな意味でここから抜け出したいというのがあった。もちろん、プロになるのは子どもの頃からの夢でしたし。親にプロ入りの報告ができたのも嬉しかった。親も周りも喜んでくれて、やっと夢が叶った、みたいな。六位でも七位でもプロに入れた時点で満足だったんです。本当はプロになったのはスタートに過ぎないんですが、ぼくはそんなこと考えていなかった。ゴールです」

思いっきりゴールでしたよ、と繰り返した。

全国紙である『日刊スポーツ』などでは和田の簡単な経歴に触れるのみだったが、地元の『岐阜新聞』は〈県関係者、喜び爆発〉という見出しで和田の他、五位指名の二人の岐阜県出身者の記事を掲載している。

〈西武から4位で指名された神戸製鋼の和田一浩捕手（二四）＝東北福祉大、県岐阜商高出＝は兵庫県加古川市の神戸製鋼加古川製鉄所で記者会見し、「光栄です。これから周りの人と相談して決めたい」と話した。

182センチ、80キロ、右投げ・右打ち。強肩、俊足、打撃と三拍子そろい、即戦力として期待される。「どこに決まるか不安だったが、ほっとしている。西武にはいいイメージを持っています」と心境を語った。（中略）

森川豊県岐阜商高監督は「（高校時代に）盗塁されたのを見たことがない」と当時からの強肩ぶりに触れ、「頑張ってほしい」とエールを送った〉（一九九六年一一月二二日）

和田と同じ捕手では、マリーンズが前出の清水を一位で、日本ハムファイターズと近鉄バファローズはそれぞれ三位でNTT関東の小笠原道大と三菱重工広島の礒部公一を指名している。小笠原と礒部は大学を経由せず、高校から社会人に進んでいるため、和田よりも四つ年下に当たる。

「同期の中でナンバーワンキャッチャーは清水将海という評価だったんです」

そう言った後、ぼくに小笠原と礒部は何位でしたかと訊ねた。二人とも三位ですと答えると、

「キャッチャー的には、ぼくが一番格下だったんですね」と笑った。

六

「セ・リーグならばもちろん巨人、中日。パ・リーグならば西武が（自分の中で）ナンバーワンだったので、強い西武のユニフォームを着ることは誇らしくありましたね」

子どもの頃、憧れていた中尾がライオンズのコーチだったことも嬉しかった。入団予定選手として西武球場に案内されたとき、小さいとき日本シリーズで観ていた場所だと思い、心が躍った。

監督は東尾修だった。

「東尾さんから、ちゃんとやれよ、みたいに声を掛けられたんです。ちょこっと話をしましたけど、それ以上の余裕はないですよね」

ふわふわとした幸福な時間が終わったのは、自主トレーニング初日のことだった。

「ぼくらの時代というのは、自主トレがどんなものなのかという情報がなかった。そして考え方も子どもだった。ドラフトされて有頂天になって、余裕こいて遊んでいたんです。自主トレから練習を始めればいいやって、体重も一〇キロ太ってました。そうしたら練習、ランニングにもついていけなかった。ちょっとやばいぞ、みたいな」

二月、高知県春野町で春季キャンプが始まると、和田は一軍に帯同している。即戦力として期待された社会人野球出身ならば当然のことだったろう。

初日前夜のことだった。

「その夜にいきなりミーティング。サイン全部を教えられて、覚えてこいと。もう何十種類もあるんです。ノートに一応書き込んだんですけれど、全体の動きを把握していないのでよく分からない」

そして翌日、キャンプが始まった。

「いきなりお前がサイン出せって言われるんです。こっちはえーって感じじゃないですか。必死でサインを覚えたんですけれど、忘れちゃうじゃないですか。そうしたら〝お前、何やってんだ〟って怒鳴られる。社会人までのキャッチャーとプロのキャッチャーでは仕事量が全く違う」

これはとんでもないところに来たぞと、和田は目の前が真っ暗になった。

投球練習場でも新人の洗礼があった。和田は他の捕手と並んで、投手が来るのを待っていた。まず姿を現したのは鹿取義隆だった。

鹿取は七八年に明治大学からドラフト外で読売ジャイアンツに入っている。九〇年にライオンズへ移籍、この年にセーブのタイトルを獲得した。球界を代表する救援投手の一人だった。鹿取の顔を見た和田は心の中で（うわっ、鹿取さんだ）と叫んだ。鹿取さんは「おうっ」と和田に声を掛けると投球を始めた。

ところが――。

和田の記憶では二球か三球投げた後、「代われ」と言われたという。

「当時のピッチャーはみんな（捕球の）音にうるさかったんです。（捕球するときに、心地良い）音を鳴らすのが当たり前でした。上手に（キャッチャーミットの）芯で捕れば音は鳴るというのは分かっているんです。音、鳴らせよう、鳴らせようと思っていればいるほど力が入ってしまう。余計鳴らないんです」

それから和田は投球練習場に入るのが憂鬱になった。特に実績のある投手の顔が見えたときには、躯がこわばるのが分かった。

「プロに入ってどうしよう、という志が全くなかった。入っただけで満足だったんです。どうして行かなきゃいけないなんて考えたこともなかった。それでメンタル的にもやられました」

宿舎では一つ年上の山田潤という内野手と同じ部屋だった。山田は朝日大学から九三年のドラフト二位でライオンズに入っていた。

「宿舎で山田さんの掌を見たら、豆ができてぼろぼろなんです。プロってやべぇなって改めて思いました」

やがて和田の掌も山田と同じようになっていった。

「バッティングでアホみたいに振らされるんです。キャッチャーなんで全体練習が終わってからバッティング（練習）なんです。個別練習じゃなくて、強制練習ですね。打撃コーチがつききりでした。もうへろへろになっているのに、打たなきゃいけない。もう疲れ果てていますから、考える余裕なんかない。時間が過ぎるのを待つだけ。それでやっと終わって、宿舎に戻って飯を食ったら、今度は夜練があるでしょう」

和田が驚いたのは、周囲の選手たちがこの練習を何食わぬ顔でこなしていることだった。自分がこの中でやっていけるとはとても思えなかった。キャンプが終わったときには、増えていた体重はすっかり落ちていた。

七

一年目の九七年、和田は一七試合に出場している。ライオンズの正捕手は伊東勤だった。伊東は八一年のドラフトで一位指名されてライオンズに入り、八四年シーズンから正捕手を任されていた。勝負強い打撃と相まってチームの柱だった。その伊東も三〇代半ばになっていた。入団前、和田はなんとか伊東に勝てるのではないかと甘く考えていたという。しかし、和田が敵う相手ではなかった。

「コーチたちからは、あいつは足が速いので（捕手ではなく）外野で使いましょうという話があったらしいんです。そこで（監督の）東尾さんから〝お前、外野で出ろ〟って言われたんですけど、〝キャッチャーでやらせてください〟って。キャッチャーにはなぜか拘《こだわ》りがあったんです。子どものときからキャッチャー以外やったことがなかったですし。それで一年目、東尾さんはキャッチャーをやらせてくれたんですね」

西武ライオンズの初代監督は根本陸夫だ。根本が二年間監督を務めた後、広岡達朗を招聘《しょうへい》した。八二年から四シーズンを広岡が、その後を森祇晶が引き継いだ。森は八六年から九四年までの九シーズンに渡って監督を務めている。

二人に共通しているのは、川上哲治が監督を務めていた時代の読売ジャイアンツを経験していることだ。控えの捕手を常にぶつけられながらも九連覇の間、正捕手でありつづけた森と、途中で放り出されて終生、川上を憎むことになる広岡の違いはあれど、二人とも広義の意で、川上野球の継承者である。

その考えを端的に表現するならば、二つに集約されるだろう。まずは能力の高い選手を集めること。そして彼らに個人成績よりもチームの勝利を優先させること。そのために厳しい規律を持ち込んだ。広岡と森はその手法をライオンズに移植し、大輪の花を咲かせていた。

二人が監督を務めていた一三シーズンのうち、リーグ優勝を逃したのは二度のみ。凄まじい成績である。九五年から監督となった東尾の大らかな性格もあって、和田が入ったときには、雰囲気は幾分和らいでいたが、チームの勝利を重視する方針は変わっていなかった。

和田は『必勝法、必敗法』という小冊子を渡されたという。

「ランナー一、二塁のとき、バッターはどうする、ランナーはどんな走塁をするとか全部書かれているんです」

例えば、一アウト、走者一塁で打球が外野手の定位置に飛んだとする。その小冊子によると走者はタッチアップに備えて一塁に戻らなければならない。

「プロの外野手はフライを落とさない。落球するよりも、タッチアップで次（の塁）を狙う方が確率が高い。あの頃、ライオンズ以外のチームは、ランナーはハーフウェイ（塁と塁の間）でした。外野の定位置に飛んだ外野フライでランナーがタッチアップの準備をしているのは西武の選手ぐらいでしたね」

そして規律を破った選手には罰金があった。

一年目のシーズン、和田は一万円のボーナスを手にした。

「チームの一〇勝ごとにボーナスが出るんです。レギュラーの選手は何十万円、ぼくは一万円貰えたんです。初めてだったので、その一万円がすごく嬉しかった。ところがその試合で、（打席に入って）パーンと（球を）打ち上げたんです。それが、どこに飛んだか分からなかった」

打球の行方を見失った和田は打席で立ち止まった。次の瞬間、内野フライだと分かって、一塁に走り出した。ベンチに戻ると「お前、怠慢プレーだ。罰金一万円持ってこい」と言われた。『必勝法、必敗法』には〈常に全力疾走〉と書かれていた。打った後、すぐに走り出さなかったことで罰金となったのだ。

「貰った一万円をすぐに取られたんです」

以降、和田は全力疾走を心がけるようになった。

九七年、ライオンズは三年ぶりにリーグ優勝。翌九八年もリーグ連覇している。勝ち続けるチームに所属することは、若い選手にとっては得がたい経験である。半面、選手が揃っているため、存分に力を振るう機会はなかなか与えられない。さらに九七年シーズン終了後、オリックス・ブルーウェーブの捕手、中嶋聡がフリーエージェントで移籍してきた。中嶋が加わったことで、和田は外野手転向を受け入れざるをえなくなった。

九八年は三六試合、翌九九年は二〇試合の出場に留まっている。

「二軍にいる時間の方が長いという、全然ぱっとしない選手でした。クビになっていく選手もいたし、自分がクビになるのも現実的になってきますよね。俺、野球を取りあげられたら、何やるんだろう。（人生）終わってしまうなって。貯金なんか全くなかったですからね」

このまいなくなっても誰も気がつかないような選手でしたよと和田は淡々とした調子で言っ

た。

八

そんな和田に手を差しのべたのが、二〇〇一年から打撃コーチに就任した金森栄治だった。

金森は八一年のドラフト二位でプリンスホテルからライオンズに入っている。ライオンズから阪神タイガースに移り、最後はヤクルトスワローズで現役を終えた。そして九七年からスワローズの監督だった野村克也の下でコーチを始めている。

和田はそれまでの自分の打撃は感覚的だったと表現する。

「調子良いときは打てるけど、悪いときは打てない。調子良い、悪いではなくて、（どんな状態でも打てる）技術が身につく練習を金森さんが教えてくれました。バッティングというのは、力が入るところで（球をバットに）当てなきゃいけない。そのための練習をしなさいと」

それは球を手元で引きつけて打つ練習だった。

「最初は、とにかく近くで打てと。最初はむちゃくちゃなことを言うなと思いました。マンツーマンで教えてくださったんですけれど、そんな近くで打てるはずがない。バッティング練習したら、ぼてぼての内野ゴロしか飛ばないですよ」

それまで和田は球をやや前方でバットに当てていた。

「前で（球を）さばく方が楽なんです。そこで打てば飛ぶって言われて来ましたから。近くで打つというのは（球に押し込まれて）差し込まれる印象があるので嫌でした。それでもこの人の言うことを聞かないと、頼るところないなって感じだったんですね」

二〇代後半になっていた和田は、自分に与えられた時間が少ないことは自覚していた。金森の教えにすがるしかなかった。

「最初は全くできなかった。しばらくしてから（金森が）こういうことを言っているのかなというのが少し分かってきた。それからだんだん（教わったことを）アレンジしていくようになったんです」

金森のコーチ就任後すぐに和田は変化の兆候を見せている。二〇〇一年、八二試合に出場、打率三割六厘、本塁打一六本を記録している。

「成果がちょっとずつ出てきたんです。ホームランが増えたことは嬉しかったです。自分の中では（手元まで引きつけて打つという方法は打球が）飛ばない練習をしているんじゃないかと思っていたんです。ところが逆に飛ぶようになっている。ああ、ボールを遠くに飛ばすための練習だったんだと」

二〇〇二年から監督が伊原春樹に代わった。この年、ライオンズは四年ぶりにリーグ優勝。和田は一一五試合に出場し、三割一分九厘、本塁打三三本という好成績を残している。

その年、ぼく、初めて規定打席に達したんです、と和田は言った。三〇歳のときだった。

「そのとき、ちょっとだけプロ野球選手でやっていけるんじゃないかって思いました」

翌二〇〇三年には打率、三割四分六厘を記録した。これはリーグ三位の成績である。一位の小笠原道大、二位の谷佳知がそれぞれ三割六分、三割五分という高打率をたたき出しているが、十分すぎる数字だろう。

二〇〇五年、三割二分二厘で首位打者と最多安打のタイトルを獲得した。

しかし、和田には達成感はなかったという。

「ずっと三割を打っているのは、今となっては凄いかなと思うんですけれど、やってるときは満足感は何もないんですよ。三割ちょっと打ったとしても、まだ三割ちょっとかって。一打席一打席が目一杯。これだけ目一杯やってまだこんなもんかって。もっと打てないのかなと思っていましたね」

打席に入っているときの和田には、しかめ面、渋面の印象があるとぼくが言うと、「そうだったでしょうね」と頷いた。

「（凡打の後の）切り替えがあんまり早くないんです。寝て忘れようと努力してましたが、結構引きずる方なんです。（打率などの）数字が頭にあるので、熟睡できなかったですね。眠りが浅いのは自分で分かります。何度も起きるので」

シーズン中は生活のリズムを一定にするため、デーゲームであろうとナイターであろうと、深夜一二時か一時ごろに寝て、朝八時に起きるようにしていた。

「でも眠れない。疲れが取れないんです」

アルコールを受け付けない体質の和田は、酒に紛らわせて眠ることができなかった。

「蕁麻疹《じんましん》が出たり、体調を崩すことが多かった。夏になるといつも下痢で、飯が全く食えないから体重が落ちてしまう」

躯が強いってよく言われていたんですけれど、全然強くなかったんですよと頭を振った。

九

二〇〇七年シーズン終了後、フリーエージェントの権利を行使している。最初に和田の獲得に動いたのは、子どもの頃からユニフォームを着たいと熱望していた中日ドラゴンズだった。

ドラゴンズに移ることに迷いはなかった。監督を務めていたのは、落合博満。それまで全く接点のなかった落合と初めて話をしたのは、春季キャンプでのことだ。

「レギュラーとしてお前を使う、レギュラー争いなんかさせねぇって言われました。嬉しかったですね。それで調子悪くなったら、いつでも俺が見てやる、直してやるからって」

実際にシーズンが始まると、何度も落合の指導を仰ぐことになった。

「打てなくなったら室内（練習場）に籠もって、〝こうして打て〟と一緒にバットを振っていました。落合さんの凄いのは自分の言葉に自信を持っていること。普通はこれで合っているのかなという迷いがある。あの人は自分が絶対正解。この頃にはぼくなりに自分のバッティングというものは出来上がっていた。落合さんはそれを全部説明できるんです。表現は難しいんですが、自分は感覚として百のものを持っていた、落合さんは同じ百を知識として持っていたとでも言えばいいですかね。こうやってこうやれば打てるというのを全部説明できる」

和田が体得していた打撃理論を落合は言語化し、修正を加えることができたのだ。

二〇一〇年、ドラゴンズは四年ぶりにセ・リーグで優勝、二〇一一年も連覇している。

和田の頭に引退という言葉が浮かび上がってきたのは、二〇一四年の横浜ＤｅＮＡベイスターズ戦で山口俊から頭部へ死球を受けたときだ。和田は死球が少ない選手として知られていた。

「感覚的にはいつでも避けられるという自信はありました。西武に入ったときの打撃コーチだった土井正博さんから最初に言われたんです。〝デッドボールに当たったら次の日には試合に出られない。死球を避けられなかったら、飯を食っていけない〟って。土井さんのときはキャンプに入ったらすぐにデッドボールの練習、近い距離から（投げられる球を）避ける練習をするんです」

山口のシュートボールを避けられなかったことで、自らの衰えを見せつけられたような気になった。

「ひっくり返って避けるとか、足を滑らせるとか、色々とやり方はあるんです。でもあのとき、ボールを来るのを見ながら、あーって避けられなかったんです。目を瞑《つむ》っちゃって、バーンと当たってしまった。目を瞑ると躯は動かない。最初に目が落ちるって言うじゃないですか。目は落ちるわけじゃないんです。見えているのに反応できなくなってしまう」

その約一週間後の八月六日、広島東洋カープ戦でブライアン・バリントンの球を右手首に当てて骨折している。それでもまだ現役は続けるつもりだった。現役にしがみつきたいというのではない。先発から外れれば、引退するつもりだった。そのためにこの年の秋に膝を手術している。

その和田に引導を渡したのは、ゼネラルマネージャーとなっていた落合だった。

翌二〇一五年シーズン中の九月三日、落合から呼び出されて「お前とは来季契約しない」と言われた。

「他のチームでやる気はなかったです。FAで入ったとき、ここでユニフォームを脱ごうと決めてました。あ、もう終わりだなと」

現役一九年で二〇五〇安打、三一九本塁打、通算打率三割三厘という堂々たる成績である。日本国内のみという限定ではあるが、通算二〇〇〇本安打は好打者の目安とされている。

「昔を知っているバッティングコーチ、周りの人間、誰もぼくが二〇〇〇本安打を打つなんて思わなかったはずですよ。ぼく自身、二〇〇〇本を目指したこともない。一五〇〇（本）いったときに、あっ、二〇〇〇（本）に届くかもしれないと思ったぐらいです」

引退してから、自分でも驚くほど夜に眠れるようになったという。現役時代のある時期から睡眠薬なしでは寝付けなかった。自分は野球に追われていたのだと改めて思った。

しかし――。

「たまに試合に出ている夢を見るんですよ。そこでは自分がまだユニフォームを着ているんです。打席に入っている夢じゃなくて、また契約して勝負ができると喜んでいる夢なんです。現役引退したことに後悔はなかったんですけれど、夢を見るというのは何か未練があるのかな。心の中には、まだやりたいという気持ちが本当はあるのかなと」

引退してから一年ほど経った頃、膝の痛みが消えた。そのときにはもう一度、トレーニングを再開しようかと思ったこともある。

「でも今はもう筋力もなくなっちゃった。もう絶対無理なんですけれどね」

和田は自分の思いを打ち消すように手を振った。

それほどまで和田を引きつけた野球の魅力とは何なのかと訊ねると、職業なので好きという感覚はないですよとやんわり否定した後、こう続けた。

和田一浩（わだ・かずひろ）

1972年6月19日、岐阜県出身。県立岐阜商業高校では2度甲子園に出場したが、3年生時には逃している。東北福祉大学卒業後、神戸製鋼に入社。2年間の社会人野球を経て96年ドラフト会議で西武ライオンズから4位指名を受け入団。2002年、本格的にこれまでの捕手から外野手に転向、5番レフトでレギュラーに定着しパ・リーグ優勝の原動力となった。2005年には首位打者に輝く。2007年シーズンオフに、FA権を行使して中日ドラゴンズへ移籍、チームの中心として活躍し、史上最年長42歳11か月で2000本安打を達成した。2015年に現役引退。引退後はプロ野球解説者、評論家として活動している。現役時代は「べんちゃん」の愛称でファンに愛された。

「緊張感のある場所で勝負をしてみたい。勝負が楽しいというのではない。それよりもあの充実感ですね。苦しんで苦しんで成功したときの喜び、満足感って他では味わえないですよね」

その満足感をどこかで求めているのかもしれませんね、と噛みしめるように言った。

CASE 4

武田久

02年ドラフト4位
日本ハムファイターズ

一

取材場所に指定されたのは埼玉県さいたま市にある日本通運硬式野球部の『ＮＩＴＴＳＵ浦和ボールパーク』の中にあるクラブハウスだった。

白と灰色を基調として赤色で縁取られた建物群には室内練習場が含まれている。プロ野球球団やＪリーグのトップチームにもひけをとらない立派な施設だ。練習試合が終わった後、武田久が真新しい応接室に姿を現した。その姿にぼくは少し拍子抜けした。かつて札幌ドームの大観衆の中でマウンドに立っていた元プロ野球選手と思えないほど小柄だったからだ。その片鱗を探すとすれば、躯にぴったりとした黒いアンダーシャツを通しても分かる、がっしりした体つき、だろうか。太い眉毛と意志の強そうな目が印象的な、穏やかな雰囲気の男だった。

その顔が一瞬険しくなったのは、同じチームにいたダルビッシュ有や大谷翔平といった一九〇センチ級の投手の中で一七〇センチほどの躯で伍していたんですね、とぼくが言ったときだった。

「活躍し始めたとき、躯（の大きさ）のことをハンディとか言われたんですよ。小さいのに頑張っているとか、ぼくはそういうのが好きじゃないんです。もし、そういう考えが自分にあったら、逃げ道になってしまう。相撲だって体重別じゃないですよね。小さな力士も大きな力士も同じ土俵の上で戦っている。それと同じなんです。同じ舞台でやっている以上は（躯の大小は）関係ない。小さいから頑張っているとか、美談にしたがるんですが、ぼくは美談にされたくないんですよ」

この負けん気こそが武田の生き方を貫く背骨である。

武田は一九七八年一〇月一四日、徳島県徳島市で生まれた。実家は『名東軒』というラーメン店を営んでいる。茶色いスープに黄みがかった麺、茹でたもやし、青ネギが乗った〈支那そば〉が基本で、〈肉〉と呼ばれるチャーシューや生卵を追加することができる。

「潰れていないんで、それなりには流行っていたんじゃないですか」

と武田は謙遜するが、徳島ラーメンの老舗の一軒である。

三歳年上の兄の後を追って加茂名ニューファイヤーズという少年団に入ったのは小学一年生のときだった。

「初めは空き地や田んぼで草野球をしていて、その流れで軟式野球チームに入ったんです。四年生だった兄貴についていくような感じです」

運動神経と足の速さには自信があった。徒競走ではクラス内で一番は当然で、マラソン大会に出場すると学年一位だった。ただし小柄で、クラスで整列すると前から数えた方が早かった。

加茂名ニューファイヤーズは「普通よりもちょっと強いレベル」で県大会に進むのがやっとのチームだったという。

「ピッチャーで一番（打者）でしたね。肩は強かったですけれど、躯も小さかったので、（球は）ちょっと速いぐらい」

憧れの選手はＰＬ学園からドラフト一位で中日ドラゴンズに入った遊撃手、立浪和義だった。

「中日が好きで、そしてショートへの憧れがあった。ピッチャーも嫌いではなかったんですが、ゆくゆくはショートをやりたいなと思っていたんです」

将来の夢はプロ野球選手になることだった。

「卒業文集にプロ野球選手って書いたかもしれないですけれど、本当に目指していたわけではないです。なれたらいいなっていう、本当の夢ですね。子ども心なりにラーメン屋は長男が継ぐっていうのは分かっていたので、次男のぼくは好きに生きていこうと思っていました」

中学校は生光学園に進んだ。

一九四七年設立の生光商業専門学校を前身とする、幼稚園から高校までの私立一貫校である。生光学園中学校の軟式野球部は徳島県内で強豪として知られていた。

「一年の秋からショートとして試合に出ていました。二年生の新チームになったときはサードだったかな。あくまでも内野手で、時々ピッチャーとして投げる程度でした」

中学三年生の春、これまでの投手では上位に行けないということで武田が中心に投げることになった。

「中三の半年間で徳島県で優勝、四国大会でも準優勝。優勝したら横浜スタジアムで行われていた全国大会に進めたんです」

そう言うと、少しだけ悔しそうな顔をした。その後、秋に行われた四国大会では優勝している。残念ながらこちらは全国大会はなかった。こうした好成績により、高校進学を考える時期になると幾つかの高校から誘いを受けた。

意中の高校は徳島商業だった。中学三年生のとき、徳島商業は夏の甲子園に出場、投手兼四番打者の川上憲伸を擁《よう》して準々決勝まで勝ち進んでいる。川上は明治大学を経て、九七年のドラフト一位指名で中日ドラゴンズに入ることになる。

「ぼくは躯も小さかったし、ピッチャーに拘りもなかった。徳島商業に野手で行くことがほぼ決まっていたんです。そうしたら生光学園高校の（野球部）監督と中学校の監督に〝野手はいつでもできる。学園に残ってピッチャーをやってくれ〟って言われたんです。生光学園の高校（の硬式野球部）も強くしていかなきゃって考えていた頃だったんです。それで同級生五、六人と一緒に残ることにしたんです」

結果として武田は投手に引き戻されることになった。

二

生光学園高校では入学直後から試合に起用されている。夏の県大会一回戦、辻戦で五番三塁として先発出場し、七回の一イニングだけマウンドに登った。この試合は一〇対〇、七回コールド勝ちしている。

続く二回戦の名西戦でも五番三塁として先発、六回途中からマウンドに登ることになった。

〈名西は3―3で迎えた七回、先頭の福島が1―1からの3球目を強振。打球は左翼席で弾み決勝点となる4点目を挙げた。（中略）救援の武田は六回途中から投げ被安打は本塁打の1本だけ。力投していただけにこの一球が惜しまれた〉（『徳島新聞』一九九四年七月二三日）

武田はこの試合の記憶はほとんどないと首を振った。

「確か、ホームランを打たれたんですよね。先輩に対してちょっと申し訳ないっていうのはありましたね」

三年生がチームから去ると武田が主戦投手になった。しかし、新チームの出足は芳しいものではなかった。秋季大会では三回戦で敗戦。その後、二年生で迎えた夏の県大会も勝ち進めるとは思っていなかったという。ただし若いチームというのは、勝ちを積み重ねることで、短期間で急激に力が伸びることがある。この年の生光学園はそんなチームだった。

初戦の勝浦戦は六対一。続く日和佐との試合では武田が一三奪三振、チームを勢いに乗せた。準々決勝の相手は、八二年に夏の甲子園で優勝経験がある池田だった。過去、準々決勝以上に進んだことがない生光学園にとっては、一つの壁となる試合だった。この試合は思わぬ結果となる。翌日の『徳島新聞』を引用する——。

〈「3点勝負と踏んでいた。まさかこんな展開に持ち込めるとは」。試合後、市原監督は興奮覚めやらぬ表情。そして「武田の踏ん張りが、打線の奮起につながった」と、二年生エースの力投をたたえた〉（一九九五年七月二八日）

九対二で七回コールド勝ちを収めたのだ。さらに準決勝で阿波を八対二で下し、甲子園まであと一つの勝利まで漕ぎつけた。

決勝の相手は鳴門だった。

ところが——。

〈生光学園はエース武田が早々と鳴門打線に捕まり、15安打を浴びて七回途中降板。これまで再三の好守でもり立てたバックにも失策が出て大量点を許した。しぶとさが持ち味の打線も沈黙していた。最終回、代打岡本の三塁打と坂本の右前打で一矢を報いるのにとどまった〉(『徳島新聞』一九九五年七月三〇日)

一対一六での惨敗である。

まあよう打たれましたよと武田は他人事のような口調で言った。準々決勝から三日連続の登板で球が思ったところに行かなかったのだ。

「投げているときは疲れは感じなかったんですけれど、微妙にボールが高くなっていた。相手の鳴門高校も強かったので万全で行っても、多分打たれていたと思うんですけれど」

武田によると翌年から徳島県大会では三日連続試合をないよう試合日程が組まれるようになったという。

試合終了後、周りの選手たちが泣いていたのを武田は冷静に見ていたという。涙は出なかったのですか、と問うと、「泣けますかね」と逆に聞き返した。

「勝負に勝った負けたで泣くっていう感覚がなかった。今でもないです。甲子園に行けなかったことは悔しかったです。でも涙が出るのは違うかなと」

決勝に出場した選手のうち、八人が二年生、一人は一年生だった。自分たちには次があるではないか、秋の県大会では優勝できるはずだと武田は考えていたのだ。

武田の予想通り、一〇月から始まった秋季大会で生光学園は勝ち進み、決勝で再び鳴門と対戦。今度は一六対五で大勝し、創部一五年目で初めて県大会を制した。

春の選抜大会の四国地区の出場枠は三つ。生光学園は県大会の優勝校であるため、四県の上位校で行われる四国地区大会で一つ勝てば、出場権がほぼ確定する。一回戦の相手は愛媛県二位の宇和島東だった。

試合は一回裏に生光学園が一点を先制。しかし三回に宇和島東が三点を取り逆転。五回と七回にも一点ずつを加えた。

〈4点を追う生光学園は八回、一死から坂本が中前打で出塁。敵失、四球で満塁とし、中島の右前打と近藤の中犠打で1点差。九回には右前打の荻野をバントで送った二死二塁から坂本が左前打。外野手が打球処理をもたつく間に荻野の代走・竝川が生還し、土壇場で同点に追いついた〉（『徳島新聞』一九九五年一一月二一日）

この日、武田の投球は精彩を欠いていた。

「もうちょっと良いピッチングができたら、あんなに点を取られなかった」

中でも宇和島東の中心打者、三番の岩村明憲には五打数三安打三打点と打ち込まれている。

「岩村は超高校級って、そのときから有名でしたね。他のバッターとは全く違いましたね。躯はそんなにでかくないんですけれど、ごっつい。対戦していて圧を感じましたね」

『徳島新聞』の記事はこう続いている。

〈延長十回、一死から安打の後、三連続四球で押し出し。さらに投ゴロの本塁送球で失策が出て計2点を奪われた〉

五対七の敗戦だった。武田は一八二球を投げている。押し出しで失点したんですねとぼくが言うと、「押し出しなんかしましたか」と武田は目を丸くした。

「それ、記憶ないです」

生光学園はまたも目の前で甲子園出場を逃すことになった。

ちなみに宇和島東は続く準決勝で高知県代表の明徳義塾に敗れている。同じ愛媛県の松山商業が決勝まで進んだため、宇和島東も翌年の選抜出場権を手にしていない。

三

そして高校三年生の夏がやってきた。

「(生光学園は)ばりばりの優勝候補。三年の夏はほとんど打たれる気がしなかったですね。それぐらい自信満々でした」

武田が力を見せつけたのは三回戦の阿南工業戦だった。一三奪三振を記録し、夏の徳島県大会では三四年ぶりのノーヒットノーランを達成したのだ。

阿南工業の監督、村瀬義夫は試合後、こう語っている。

「あれは打てんでしょう。バットを短く持って右方向を狙わせたが、あれだけ武田君のストレートが速いとしんに当たらない。でも前川をはじめ、うちの選手はよくやった」(『徳島新聞』一九九六年七月二三日)

ところがその先で落とし穴が待っていた。準々決勝の鴨島商業戦である。

〈三回の一死満塁を含み、四回までに三度、ライナーで走者が飛び出す「らしくない」攻撃から、スコアボードに0を並べた。市原監督は「選手の気持ちはわかる。相手の篠原投手が素晴らしい投球をした」と無念を押し殺した。

武田に涙はない。一失点の粘りの投球は報われなかったが「注目され、うれしかった。優勝候補というプレッシャーに負けないだけの練習を積んできましたから」

3回戦で三十四年ぶりのノーヒットノーランを達成するなど、評判通りの素晴らしい投球を披露したエースは、あこがれの大舞台に立つことなく、さわやかに散った〉(『徳島新聞』一九九六年七月二六日)

○対一という最少失点での敗戦だった。

「犠牲フライで一点取られただけなんですよね。だから正直なところ、打たれていないんですよ。なんか、噛み合わないうちに、負けちゃったという感じでしたね。まあ、負けるときって、こういうもんでしょう。悔しさもあったけど、終わったものはしょうがないなと思っていましたよ」

ノーヒットノーランなどで近隣県では存在を知られるようになっていたが、プロ野球選手になりたいと考えたことは一切なかった。

「その時点ではゼロでしたね。躯が小さかったこともありますけど、プロというイメージは全くなかった。そのときは指導者になりたかったんです。大学に行って教職(免許)をとって生光学園の監督になるつもりでした」

県大会敗退後、数日間休んだ後、駒澤大学野球部のセレクション受験に向けて練習を再開している。駒澤大学を目指したのは、生光学園監督の市原清の母校だったからだ。八月にセレクションを受けて、秋には合格通知を受け取っている。

「実技と（筆記）試験は普通にやりました。ぼくの場合は、（市原）監督の推薦もあるので、よほどのことがない限り落ちないですよ」

一一月二一日、ドラフト会議が行われている。この年に行われたアトランタオリンピックに出場した選手の他、神戸製鋼の和田一浩が四位で指名された年である。武田はドラフト会議には興味がなく、テレビ中継などの報道は目にしていない。

「『日刊スポーツ』の記事のプロ注目の選手の中に、Cランクとしてぼくの名前があったんです。あっ、ぼくでも（名前が）出るんだって。でもスカウトは来ていませんでしたよ。自分のレベルでは一〇〇パーセント（指名されることは）ない。絶対ないのは分かっていました」

高校生投手では、日本ハムファイターズが愛媛県の帝京第五の矢野諭、近鉄バファローズがPL学園の前川克彦、中日ドラゴンズが三重県の明野の小山伸一郎、ヤクルトスワローズが山梨学院大学附属の伊藤彰をそれぞれ一位で、その他、千葉ロッテマリーンズが四位で小林宏之を指名している。

中でも矢野は同じ四国である。

「当時は全く知らなかったです。愛媛の情報は徳島に入ってこない」

打者では二年生秋の四国地区大会で対戦した宇和島東の岩村明憲がヤクルトスワローズの二位指名。その他、阪神タイガース二位の関本賢太郎、三位の濱中治、読売ジャイアンツ四位の鈴木尚広などもいる。

自分はプロに行くつもりもなかったので、同年代の誰が指名されたかには全く興味はなかったですねと、念を押した。

このとき彼が考えていたのは、駒澤大学での四年間をつつがなく過ごすことだった。

「大学に入って（東都大学野球リーグで）活躍するっていう目標があったわけではなかったです。試合に出る、出ないは別にして四年間逃げずに野球をやること。学校（生光学園）の顔を潰したくないって考えてました」

駒澤大学野球部からは大矢明彦、中畑清、あるいは石毛宏典など多くのプロ野球選手が育っている。練習はもちろん、上下関係も厳しい。下級生のうちは寮生活の上下関係に耐えなければならないと覚悟していたのだ。

そんな武田が大学でも通用するのではないかと思ったのは、入寮してすぐ、上級生の投球練習を見たときのことだった。四年生の主戦投手の投球が思ったよりも迫力がなかったのだ。

「勘違いしたというか、その方が軟投派だったんです。こんなレベルか、自分でも行けるんじゃないかって思ったことを覚えていますね」

この四年生の左腕投手とは駒澤大学を卒業後、東芝に進み、九九年のドラフト会議で読売ジャイアンツから一位指名される高橋尚成である。

同じ新入生には甲子園出場経験ある選手も少なくなかった。彼らは高校生のときから厳しく鍛えられているのだろう、技術も高いはずだと最初は気後れしていた。しかし、しばらくすると様子が違うことに気がついた。

「(甲子園に出場した同級生たちが)はっきりと口に出したのは聞いたことはないのですが、大学に来たときに疲れちゃっているんです。高校三年間厳しい練習をやってきているじゃないですか？　またそういう野球をやるのかって、最初から引いているような者もいましたね。ぼくは生光学園でのびのびと、それこそ何も指導されていない。だから、これからだったんです。何も終わっていない」

入学直後、春季リーグ戦から武田は起用され、二勝一敗の成績を残している。

「高校生のときは全く無名だったのに、どこを見てくれたんでしょうね」

首を傾げて笑った。

秋季リーグで武田は先発を任された。最終節で首位を走っていた亜細亜大学が青山学院に二連敗、駒澤大学は専修大学に二連勝し、七季ぶりの優勝を決めた。

〈一年生の武田が防御率0・95。今季抑えに回ることの多かったエース高橋は救援で16回3／2を無失点に抑えるなど上級生、下級生がかみ合い、チーム防御率1・16とダントツの成績を残した。太田監督は「エラーが減ったのが大きい。それにしても思わぬヒーローが誕生した。恵まれましたな」。7季ぶりに宙に舞い、ご満悦の様子だった〉（『日刊スポーツ』一九九七年一〇月三〇日）

五試合に先発した武田は最優秀選手に選ばれている。

四

二年生から始まる教職課程の科目登録はしなかった。野球部の練習との両立は時間的に厳しいこと、そしてプロ野球選手になれなくとも社会人野球には進むことができるだろうと思うようになっていたからだ。

「試合に出ている選手でも（教職課程を）取っているのもいたんですけれど、ぼくは妥協しちゃいました。（一年生の秋季リーグで）ＭＶＰというのはまぐれでしたけれど、野球で（食べて）いくという感じにはなりましたね」

二年生の春季は亜細亜に続く二位、秋季リーグは三位で終わっている。それぞれ武田は四勝一敗と六勝二敗という好成績である。

この年から四年生の新井貴浩が内野手として先発起用されている。七七年一月に広島で生まれた新井は、広島工業から駒澤大学に進んでいた。

新井の名前を出すと、武田の顔が明るくなった。

「大学（の先輩）って理不尽な人ばっかりじゃないですか。でも新井さんのことを悪く言う人は一人もいないです。怖かったんですけれど、筋が通っていた。新井さんに怒られたら仕方がない。そういう人です」

ただし、野球はくそ下手でした、と悪戯っぽい顔で付け加えた。

「レギュラーになったのは四年生から。春はファーストで出て、秋はサード。（投手である）ぼくからしたらサードとか守らせないでくれって思っていましたよ」

新井さん、まじで下手でした、ひどかったですと声を出して笑った。

でもね、と笑顔を収めて真顔になった。

「ミスをしても人のせいにしない。ハートが強いというか、人間的な部分が凄いんです。泥臭くて気持ちと躯の強い選手でしたね」

この年の秋に行われたドラフト会議で新井が広島東洋カープから六位指名を受けたのを聞いたとき、冗談かと思ったという。将来性とか見ていたんでしょうけれど、あの時点では新井さんがプロに行っちゃうのって感じでしたと再び表情を緩ませた。

翌年、三年生の春季リーグは二勝四敗、秋季リーグも二勝二敗と少々物足りない成績である。

「このときは戦国東都っていうぐらい、どこも基本的には強かった。そんなに簡単には勝てないですよ」

確かに他の大学にも有望な選手が揃っている。

例えば、春季リーグで六季ぶりに優勝した青山学院の投手は武田の一学年下の石川雅規だ。身長一六七センチの左腕投手、石川は二〇〇一年の自由獲得枠でヤクルトスワローズに入ることになる。

また秋季リーグからは中央大学が一部に昇格している。同じ三年生である中央大学の捕手には打たれっぱなしでしたと武田は頭を掻いた。

「ボールの飛び方とか見ていると、同じ大学生とやっている感覚じゃなかったですね。警戒して（厳しい）コースを狙うしかない。それで少し甘いところに行くとホームラン。普通のバッター、大学生ならばホームランにならないボールなんですけれど。一人だけレベルが全く違いましたね。

ぼくたちの周りはいっぱいプロになりましたけれど、あいつは特別な存在でした」

阿部慎之助である。

阿部は一九七九年三月に千葉県浦安市で生まれている。東京都墨田区の安田学園から中央大学に進んでいた。

「肩も強くてもの凄い球を投げていましたよ。あいつが一番凄かったのは二〇代前半の頃じゃないですかね」

四年生の春季リーグは一勝五敗、秋季リーグは三勝二敗で終えている。秋季リーグは防御率一・九二でリーグ二位に食い込んだ。

「春もそんなに調子は悪くなかったんですよ。いいピッチングをしていたのに打たれたりして、五敗もしてしまった。怪我もなかったし、基本的にピッチングはそんなに変わっていないんですよ」

武田は春季リーグが終わった後、早々と進路を社会人野球に決めている。

この年、二〇〇〇年のドラフトでは大学生、社会人選手は各球団二人ずつの逆指名制度があった。武田にはその制度適用内の指名、つまり一位と二位の指名はないということで、日本通運硬式野球部に進むことにしたのだ。後になって、読売ジャイアンツが興味を示していたと武田は耳にした。

ジャイアンツは逆指名制度を使って阿部の入団を決めていた。さらにドラフトでは、二位で立教大学の上野裕平、三位で東洋大学の三浦貴を指名している。東洋大学は同じ東都大学リーグに所属しており、武田は対戦したことがあった。

三浦には負けていなかったつもりなんですけれどねと冗談めかして言った。

「誰がドラフトの何位で掛かったとか見ると、だいたいのレベルが分かるじゃないですか。だから二年間社会人でしっかり野球をやってプロに行こうと。だから悔しいとかは特になかったですね」

ドラフトとは高校、そして大学卒業時点で掛けられるふるいのようなものだ。早く選ばれた方が高い評価ともいえる。本心は大学卒業の時点で下位指名であってもプロ野球選手になりたかったんじゃないですか、と重ねて聞くと、どうでしょうと首を傾げた。

「もしジャイアンツに入っていたら、終わっていたでしょうね。巨大戦力のチームでしたから。そして、ぼくは社会人で経験したことが大きかったと思っています」

三年連続でリーグ優勝を逃していたジャイアンツは前年の九九年オフに、阪神タイガースからダリル・メイ、福岡ダイエーホークスから工藤公康を補強していた。そして高橋尚成、上原浩治、桑田真澄、河原純一、バルビーノ・ガルベス、斎藤雅樹、入来祐作、岡島秀樹、槙原寛己と先発から抑えまで、他球団の打者が目眩《めまい》を起こすほどの投手陣になっていた。そこに加わった前出の上野、三浦たちはプロ野球で実績を残すことはなかった。これも巡り合わせ、である。

二〇〇一年春、武田は日本通運に入社している。

日本通運硬式野球部の設立は一九五六年に遡る。翌年の都市対抗野球で準優勝、六四年に初優勝。この時点で都市対抗優勝一回、準優勝三回、社会人日本選手権も優勝一回、準優勝三回という社会人野球の強豪である。古くは東映フライヤーズの金田留広、そして西武ライオンズの辻発彦、近鉄バファローズの大塚晶文、ジャイアンツの川中基嗣などのプロ野球選手を多数輩出してきた。

武田が貴重だったと振り返る、社会人での経験とは、金属バットの打者と相対したことだった。

「(社会人)一年目は金属バットの最後の年だったんです。元々、社会人野球のレベルは大学野球よりも高いのに、さらに金属バット。金属の野球というのは半端ない。(球の)高さ、(コースの)出し入れとか、ちゃんとしないとすぐに打たれて、ホームランになる。今までの意識では通用しない。その厳しさは下手したらプロ以上でしたね。コントロール(の精度)は本当に見つめ直しました」

社会人一年目、都市対抗の予選で一イニングに三本塁打を打たれたこともあったという。

「それが金属(バット)の野球では普通なんです」

日本通運は予選を勝ち抜き、本戦に出場している。初戦のトヨタ自動車戦に先発した武田は一一安打を浴び四点を失ったものの、一一対四で勝利した。武田が力を見せつけたのは、準々決勝のJT戦だった。毎回の一四奪三振を記録し、翌日の『毎日新聞』はこう報じている。

〈さいたま市の武田久投手（22）が29日、仙台市との準々決勝で達成。第67回大会の入来祐作（和光市・本田技研）以来6人目。新人では第38回大会の平松政次（横浜市・日本石油）以来二人目〉（二〇〇一年七月三〇日）

この後、日本通運は準決勝で三菱自動車岡崎に延長戦で敗れている。武田はこの試合の登板はなかった。大会終了後、武田は新人賞である若獅子賞に選ばれた。

社会人二年目にも日本通運は都市対抗の本大会に出場。このとき武田は秋に行われるドラフトを見据えていた。

「この年から木（製バット使用）になったのでちょっと楽になりました。しっかりといいパフォーマンスを見せることは考えていましたが、力みはなかったですね。普通にやっていればドラフトに掛かるかなと思っていましたから。ただ、良い条件で行きたかったので都市対抗では良いピッチングをしたいという気持ちはありました」

武田は一回戦の日本新薬戦で先発している。七回を三安打無失点に抑え、二対一の勝利。二回戦の相手はＮＫＫだった。

〈先発・益田は一回に2ランを浴び、二回で降板。救援陣も制球に苦しみ、再三走者を背負う展開に。守備の時間が長くなる分、攻撃のリズムがつかめず、中盤からは凡打と三振の山を築くばかり。「逆転するという意識を高めるために投入した」（神長監督）という武田は、七回二死から登板。27日に7回を投げた疲れを感じさせない力投で、期待通り無失点に抑えた。「ここで負けるようなチームじゃない。まだ負けが信じられない」と話す武田の目はうつろだった〉（『毎日新聞』二〇〇二年八月三一日）

〇対二の完封負け。都市対抗で結果を残すという武田の目論見は崩れた。

五

武田にいち早く接触してきたのは日本ハムファイターズだった。

「本当に笑い話なんですけれど、日本ハムとロッテは行きたくないというと言い過ぎですが、選手をほとんど知らないなぁと思っていたんです」

ファイターズで唯一、名前と顔が一致したのは岩本勉だった。七一年生まれの岩本は、八九年のドラフト二位でファイターズに入っていた。

「日ハムは（接触）解禁になってすぐに来て、早い段階から良い条件を出してくれたんです。最終的にはロッテやヤクルトからも（接触が）あったようです。ただ、ぼくの中では日本ハムに気持ちが固まっていました。条件も出て、何番目で獲るという話にもなっていたので。上位はないなっていうのはなんとなく予想していました。都市対抗で成績を出していれば別でしたけど。それよりも即戦力として評価されているので良い条件で行くことを考えていましたね」

ファイターズは一巡目で報徳学園の内野手、尾崎匡哉を、二巡目は選択権がなく、三巡目で川之江の投手、鎌倉健という高校生を指名した。そして武田の名前が呼び上げられたのは四巡目だった。

駒澤大学卒業時は、逆指名から漏れたにしても、上位で指名される可能性があった。社会人野球を経て、四位という順位に抵抗はなかったのか。そう訊ねると「上位で掛かるようなタイプではないことは分かっていましたからね」と呟くように言った。

「やっぱり上背とかあるじゃないですか」

はっきりと言葉にされることは少ないが、投手の価値には見栄えが含まれている。もちろん見栄えと言っても、顔の美醜ではなく身長や体つきである。

最も評価が高いのは、長身で痩身、手足の長い投手だ。投手らしい体型といってもいい。さらに左投げであれば、評価が上積みされる。そうでない投手――右投げで小柄な、武田のような投手は実績で力を示すしかない。

武田が上位で指名されなかったのは、もう一つ理由がある。八〇年から八一年生まれの選手、いわゆる松坂世代が大学を卒業する年に当たっていたのだ。

前年からドラフト会議の制度が変更されており、「逆指名」から、社会人、大学生の選手について各球団二人まで獲得できるという「自由獲得枠」制度となっていた。この制度を利用して、読売ジャイアンツは亜細亜大学の木佐貫洋、東海大学の久保裕也、福岡ダイエーホークスは早稲田大学の和田毅、九州共立大学の新垣渚といった〝松坂世代〟の選手たちを確保している。

指名挨拶を受けた後、スカウトから中継ぎをやって欲しいと言われた。

「短いイニングをどんどん投げてくれ、みたいなことを言われました」

野球の華は先発投手である。最初から中継ぎに回されたことは複雑ではなかったのか。

「ぼくの中ではそういう拘りはなかったです。もちろん社会人までは先発完投を目指していました。プロではしっかりとした分業制がある。ぼくは中継ぎで勝負しようと思っていました」

プロ野球選手になるという高揚感はなかった。

「正直なところ、日通に居つづければ、余程のことがなければ終身（雇用）じゃないですか。大学まではお金を払って野球をやる。社会人の二年間はお金を貰って野球をやってきた。プロには仕事として行くという感覚ですよ。高校生の子がプロに行くのとは違う。プロに入ったからといって三年ぐらいでクビになったら幸せになれない。サラリーマンを続けていた方がいい。それぐらいの覚悟でした」

プロに行くことが目的じゃなくて、稼ぐことが目的ですから、と付け加えた。

六

武田にとってプロ一年目、二〇〇三年はトレイ・ヒルマン監督の初年度であり、東京ドームを本拠地とする最後のシーズンでもあった。投手陣はカルロス・ミラバル、金村暁、正田樹、吉崎勝、芝草宇宙、建山義紀といった顔ぶれだった。

「ガンちゃん（岩本勉）がぎりぎりエースだった頃ですかね。東京ドームでよく打つけど、よく打たれる。あまりピッチャー陣は良くなかった印象がありますね」

初年度から武田は一三試合に登板して一勝を記録している。この一勝は代償を伴った。

「初勝利を挙げたときに、膝がすごく痛くなって、そこから離脱。二年目はテーピングでマウンドに立てるようになったんですが、膝が痛くならないように投げることばかりを考えていました。

だから、フォームがおかしくなって、ストライクが入らなくなった」

翌二〇〇四年、武田は一軍登板七試合のみ。勝敗、セーブ記録はない。

このシーズンはファイターズが生まれ変わった年でもあった。北海道日本ハムファイターズと名前を変え、本拠地を札幌ドームに移したのだ。新しいチームの象徴となったのは、ニューヨーク・メッツからファイターズに加わった新庄剛志だった。

「新庄さんが来て、チームが一気に変わりましたね。ユニフォームも新しくなって、ファンも増えた。全てあそこからですね。プロなんで観られているほうが、みんな張り切る。東京ドームでは一万人も入っていなかった。それがキャンプから何千人も来るようになった。もう別世界でしたね」

三年目となる二〇〇五年シーズンは二軍で開幕を迎えている。武田は思ったような投球ができない自分が腹立たしくて仕方がなかったという。

「膝の痛みは出ていなかったんですけど、フォームがおかしいままでした。春先からファーム（二軍戦のイースタンリーグ）でも駄目でした」

三年でクビになるのならばプロ野球選手になる意味がない。プロ入りする前にはそんな風に考えていたじゃないかと苛立ったこともあった。

「結果が出ないと周りから色々と言われるじゃないですか。五月ぐらいに、どうせクビになるのならば自分の好きなようにやってみようと思ったんです。それで言われていたことを右から左に受け流すようにした。膝も大丈夫だと信じ込むようにした。そしたらファームで抑え始めたんです。そして七月ぐらいには一軍に上がった」

ファイターズの成績が低迷しており、そのてこ入れとして武田が選ばれたのだ。

「運が良かった。運なんです」

ただし、これが自分に与えられる最後の機会であることも理解していた。

「これで失敗して落ちたら終わり。そう思いながら緊張して一軍に行ったのを覚えていますよ。前の日は眠れなかった」

前年、武田は結婚している。今、プロ野球界から放り出されたら、どうやって家族を養っていくのだと心細く思ったこともある。また、一年目の初勝利以降、一軍で通用したという手応えはなかった。不安だらけだった。

一軍昇格したその日、登板の機会が回ってきた。七月一六日の東北楽天ゴールデンイーグルス戦の九回だった。

「四点ビハインドで三者凡退（で抑えた）。この日に投げられたことが大きかったですね」

この日、キャッチャーマスクを被っていたのは同級生の高橋信二だった。高橋は岡山県の津山工業から一九九六年のドラフト七位でファイターズに入っていた。

「なぜか分からないんですけれど、（高島は）ぼくの持ち球はシュートだって思っていて、凄くこのシュート（のサイン）を出してくれたんです」

シュートとは、打者の近くで投手の利き腕の側に曲がる変化球のことだ。右投手対右打者の場合、打者に向かって曲がる。球を投げた瞬間の球筋は直球に近く、球速が落ちない。そのため、打者は直球だと判断しバットを振りはじめるが、軌道が変わるため芯から外れる。

「プロには球の速いピッチャーが沢山います。ぼくは遅くはないけど、そこまで速くもない。それまでは基本的には真っ直ぐ、カーブ、スライダーとチェンジアップ。社会人になってシュートを練習するようになりました。社会人のときはシュートを投げなくても抑えられていたんです。でもプロではシュートを投げないと長くやれないと思っていたので、練習していたんです」

高橋は武田にシュートのサインを出し続けた。

「いい加減、真っ直ぐ（のサイン）を出してよって思うこともあったんですけれど、ずっとシュート。（右打ちの）バッターからしたらシュートって嫌なんですよね。これでもかっていうぐらいインコースに（シュート）を要求してくれた。そうしたらバッターはインコースを警戒するから、外（角）の真っ直ぐが通り始めた」

シュートがいいコースに行けば一〇〇パーセント打たれない、後はぶつけてもいいっていう勇気があるかじゃないですかと武田は笑った。

「それから打たれながらも、ぽんぽんと抑えた。まあ、必死でしたよ。こっちは失うものは何もないという気持ちでした。あいつ（高橋）はぼくが一軍でやっていけるきっかけを作ってくれたキャッチャーです」

幸い膝の痛みは出なかった。

「もう一回やったら終わりだという怖さはありましたが、テーピングを信用していました」

シーズン終盤には抑えにも起用され、二三試合登板で二勝〇敗二セーブという記録を残している。

翌二〇〇六年、武田は覚醒した。七五試合に登板し四〇ホールド。いずれもリーグ最多である。五勝三敗三セーブという成績だった。

ファイターズは二五年ぶり三度目のパ・リーグ優勝、さらにセ・リーグ覇者の中日ドラゴンズを下して四四年ぶり二度目の日本一となった。

七

武田は右脚をしっかりと踏み込んで、低い重心から球を投げる。上背がないこともあり、球を離す場所が低く、彼の球は浮き上がって来るようだと証言する打者もいる。

「重心が低いとはよく言われますけど、ぼくは高校生のときからあの投げ方。ぼくにとっては普通ですね。やろうと思ってやっているわけではなく、自分にとって一番投げやすいから、というだけです」

浮かび上がるというのもぼくには分からないですと微笑んだ。

「イメージは逆です。上から叩きつけるように投げる」

武田の凄みは記録以外の数字で明らかにすることが難しい。球速はごく一般的、飛び抜けた変化球もない。敢えて探すとすれば、カーブ、スライダー、シュート、フォークボールなど数種の変化球を操ることだ。

「基本的にはぼくは小さな（曲がりの）変化球が得意です。それで芯を外してゴロを打たせる。ゴロピッチャーですね」

故・伊良部秀輝に変化球について聞いたとき、カーブやフォークボールとシュートやスライダーを両立させるのは難しいと教えてくれた。一九八七年のドラフト一位でロッテオリオンズに入った伊良部は球界屈指の速球を持つ投手だった。その彼は後年、変化球中心にがらりと組み立てを変えている。その過程で掴んだ投球理論により、モントリオールエキスポズで同僚だった吉井理人たちからも一目置かれる存在だった。伊良部によると、シュートやスライダーなどの横に変化する球を投げると手首がやや傾く癖がついてしまい、カーブやフォークボールに影響が出るという。伊良部のカーブは縦方向に曲がる変化球だったことも関係しているかもしれない。

その話を武田にぶつけると、へぇと興味深そうな顔をした後、ぼくは違いますねと言った。

「シュートは肘が痛くなるなんていう人もいますけど、ぼくは関係ないです。シュートばかり投げるのは楽なんです。基本は握りを変えた真っ直ぐをインコースに投げ込んでいるようなイメージ。ちょっと握りを変えればもっと曲がる。やり過ぎると真っ直ぐがおかしくなるからやらないだけです」

その微妙な差を感じられる指先の感覚を武田が持っているということだろう。

フォークボールも武田ならではの投げ方がある。中指と人差し指で球を挟んで投げるフォークボールは掌が大きい、あるいは指の関節が柔らかいと投げやすいとされている。武田は掌は小さく、関節も硬い部類に入る。そのため、彼は浅く球を握っている。「（関節が）硬くて弾くように投げるのがいいのかもしれませんね」と中指と人差し指を出して、軽く手首を動かした。

「握りが浅いのでそんなに落ちない。でも、投げ損ねることが少ない。ぼくの場合は（バットの）芯を外せばいいだけなので、そんなに落ちなくてもいいんです」

こうした変化球は全て試行錯誤しながら覚えてきた。自分に合った投げ方、球の持ち方を工夫することも、投手としての能力の一つである。その意味で武田は生き残るための一つの才覚を持っていたといえる。

二〇〇六年に七五試合登板した後、二〇〇七年から二〇〇九年まで、六四試合、六二試合、五五試合に投げている。中継ぎ投手の日々は過酷である。これ以外にも出番に備えてブルペンで投げ込むことがある。

「(二〇〇六年シーズンは)まだ二〇代だったというのもあるんでしょう、連投しても意外と大丈夫だったんですよ。ちょっと腰が張ったりして、夏以降はきつかったんですが、(シーズン終了という)ラストが見えてくると頑張れました。(中継ぎに定着した)三年目の二〇〇八年ぐらいから、これが勤続疲労かなっていうのはありました。腰が痛いぐらいならば投げられるんですけれど。腰、お尻、股関節ががちがち過ぎて動かなくなるんです。可動域がなくなってしまった。あまりに股関節が動かないので車の運転をしているときに足が攣《つ》ったこともありましたね」

二〇〇九年からは、マイケル中村がトレードで読売ジャイアンツに移籍したため、抑えを任されている。

「マイケルは休みたがるところがあったので、それまでも抑えはやっていたんです。だから自分に話が来るなというのは分かっていました。やりたくはなかったですよ。でもしょうがない、やるしかないかって」

抑え投手は、試合を締めるという意味でクローザーと呼ばれることもある。

「抑えっていうのは、真っ直ぐが速くて、ウイニングショットを持っているピッチャー。ウィニングショットはフォークでもスライダーでもいいんです、三振が取れれば。自分はそういうタイプではない」

抑えは、先発そして中継ぎが作ってきた試合をぶちこわしにしてしまう可能性もありますよね、とぼくが口を挟んだ。すると武田は深く頷いた。

「やっぱり、きついですよ。プレッシャーはあります」

そしてこう続けた。

「でも打たれたらしょうがない。割り切るしかない」

自分が打たれたことで、先発投手の勝ち星が消えることもある。そのときは謝るのですかと問うてみると、「絶対に謝らないです」と首を振った。

「謝っちゃったら自分の中で終わりだと思い込んでいましたね。謝ったら楽なんですよ。相手は〝大丈夫だよ〟って言ってくれるでしょう。ぼくはそれが嫌なんです」

先発投手は勝利数を契約に入れていることもある。白星の数が減ることは彼らの収入に直結する。当然、抑えの人間はそうした事情を熟知している。申し訳ないという気持ちは自分の中にため込んで、外に出さないというのが武田の流儀だった。

例外はバッテリーを組んでいる捕手である。

「その頃、ぼくは鶴岡（慎也）と組むことが多かったんです。抑えというのは、調子が悪くても抑えられるときもある。逆にどれだけ頑張ったって打たれるときは打たれる。二人だけのとき〝俺、頑張ったけど無理だった〟って」

そうした弱音は絶対に他の野手には聞かれないようにしていましたと笑った。

「打たれたその日は寝付きが悪い。眠れない。早く次の登板が来てくれって思っていました。先発ピッチャーというのは次の登板まで一週間ある。でもぼくたちは次がすぐに来る。きついのはきついけど、切り替えができる」

精神的に安定しており強気、そして、コントロールの乱れが少ないという意味で武田には抑えの適性があった。抑えとなった二〇〇九年、そして二〇一一年、二〇一二年にセーブタイトルを獲得している。

抑え投手の成績はチームの成績と比例する。二〇〇九年と二〇一二年にファイターズはパ・リーグで優勝。武田は日本を代表する抑え投手の一人となった。

八

プロ野球選手としての引き際を考えるようになったのは二〇一五年のことだ。

「二〇一四年（シーズン）の秋ぐらいから膝がおかしかったんです。二〇一五年のオープン戦のときに左膝をやってしまった。今から考えればキャンプに入る前から半月板が切れていたんだと思うんです」

半月板とは膝関節の大腿骨と脛骨の間にある軟骨様の板である。

「左膝はずっと右（膝）をかばっていて、突発的に切れた。右はもう限界だったんでしょうね。ランニングで痛くなったので、もう駄目かなと思いました。その後も何年かやりましたけど、パワーは出せなかったですね」

二〇一五年は一度もマウンドに上がることはなかった。翌二〇一六年の七月に復帰し、五試合に投げている。そして二〇一七年一〇月に引退を発表した。

「漠然と一〇年頑張ろうと思ってプロに入ったんです。二四（歳）で入って一〇年ならば三四（歳）。一〇年は無理だろうなって思っていたんですけれど、なんだかんだで三九（歳）までできたので」

そこで武田は口を止めたが、その後に続くのは「満足だ」という言葉だろう。

武田ほどの実績があれば指導者としてファイターズに残ることは可能だったはずだ。しかし、彼はそれを拒んだ。

「辞める年、オールスター前の七月ぐらいに引退を勧められたんです。でも引退する気はなかった。自分で他球団も探しました。それでこっちに来たんです」

武田久（たけだ・ひさし）

1978年10月14日、徳島県出身。生光学園高校3年、夏の県大会の阿南工業で無安打無得点を達成したが、甲子園出場には届かなかった。駒澤大学では1年生の春から活躍、卒業後は日本通運に入社した。2年連続で都市対抗野球に出場、1年目は若獅子賞に選ばれた。2002年、日本ハムファイターズからドラフト4位で指名を受ける。2005年中継ぎの一角として頭角を現すと、以降は中継ぎ・抑えと大車輪の働きを見せ、長くファイターズのブルペンを支えた。2017年日本ハム退団が発表され、翌年から古巣の日本通運に選手兼コーチとして復帰した。

古巣である日本通運硬式野球部に選手兼コーチとして戻ることになったのだ。

「まずプロ野球界から離れようと思いました。一五年間もいたのに、こんなことを言うのもおかしいかもしれませんが、野球界ってちょっと特殊な世界じゃないですか。ぼくは元々目立つのが凄く嫌で、ヒーローインタビューも好きじゃなかった。あのままプロ野球に居つづけたら、自分の感覚がおかしくなるとずっと思っていた。特に最後の方、違和感がありました」

ぼくは一般人に戻りたかったんですよ、と微笑んで、こう言った。

「あの世界にいて自分が変わらないでいられるのは難しい。よほど無理をしないと普通でいられない」

平凡を究めれば非凡を凌駕する。そんな言葉がぼくの頭に浮かんで来た。

CASE 5

川相昌弘

82年ドラフト4位
読売ジャイアンツ

一

本物の夢とはほとんど叶わないものだ。

お気に入りの選手の背番号のついた寝間着を着て、親に買ってもらったグローブを枕元に置いて眠るような野球少年が、目標としていた甲子園に出場し、憧れていたプロ野球球団からドラフトで指名されるという確率は宝くじで大金を手に入れるようなものだ。ただ、その可能性はゼロではない。川相昌弘のような男がいるからだ。

一九六四年九月、川相は岡山県高梁市で生まれた。三つ年下の弟が一人いる。川相が一歳になった頃、一家は父親の実家に近い、児島郡藤田村に移った。一帯は瀬戸内海に面した児島湾を干拓した田園地帯だった。七五年に藤田村は岡山市に吸収合併されている。

野球の真似事を始めたのは、早かった。

「お袋が高校までバレーボールをやっていたんですよ。スポーツが好きだったので、幼稚園か保育園の頃からボールを投げたりしていましたね」

鮮明に覚えているのは、〝ウルトラマシン〟という玩具で遊んだことだ。ウルトラマシンは任天堂が発売していた家庭用バッティングマシンである。レールの上に並べられたピンポン球ほどの小さな球を、プラスティック製の〝アーム〟が回転して飛ばす。それを小さなバットで打つのだ。

父親の禎一は中学生時代、軟式野球に熱中していた。野球の強豪校だった関西高校に進んだが、家業である八百屋の手伝いのため野球部に入れなかった。

「戦後の忙しい時期で、野球なんかやっている暇はないって。巨人が大好きで、店の手伝いをしながらラジオで中継を聞いていたそうです」

高校で野球をやらせてくれればプロ野球選手になっていた、というのが父の口癖だった。高校卒業後、高梁市の文房具屋で働き、見合い結婚。そこで川相が産まれた。藤田村に戻ってからは、母の時子が文房具店を切り盛りし、禎一は会社勤めをしていた。

川相家では夕刻になると当たり前のように読売ジャイアンツの試合がテレビから流れていた。大阪文化圏と広島文化圏の隙間に位置する岡山は、ジャイアンツの人気が高かった。

「テレビをつけたら巨人戦しかやっていなかったですね。親父たちは長嶋さんの世代。ぼくたちは長嶋さんの全盛時代というのは知らない。それでも長嶋ファンでしたね。父親から野球の話、昔の巨人の話とかよく聞かされました」

これを読めと金田正一の本を渡されたこともある。

一九三三年生まれの金田は享栄商業を中退して、五〇年に国鉄スワローズへ入った。最多勝、最多奪三振、沢村賞などの賞を獲った後、六四年にジャイアンツへ移籍している。

「食と睡眠が大切だということでキャンプに鍋、枕や布団を持っていったという話を覚えています。肩を冷やしちゃいけないので、眠るときに肩当てをして寝ていたとか。高校までその通りにしていました」

金田は六九年に現役を引退。七三年からロッテオリオンズの監督となった。その頃、金田にファンレターを書いている。すると金田のユニフォーム姿の写真にサインが書かれた葉書が送られてきた。

小学三年生のとき、父親が監督をしていたソフトボールチームに、四年生からは藤田スポーツ少年団というソフトボールチームにも入っている。近隣に軟式野球のチームがなかったのだ。

「ピッチャーかショートをやってましたね。ショートのときは、外野へ抜けたボールをぼくが捕りにいってました。外野手がもたもたしていたら、〝どけー〟って。肩が強かったので、ぼくが捕った方が早かったんです」

小学生のときは足も速かったし、何をやるにもすごく自信があったんですねと、柔和な表情で笑った。

「遊び場は沢山ありました。稲刈りした後の田んぼで野球をしたり、積み上げられた藁《わら》の上でバク転やバク宙をしたり。用水路でザリガニ捕まえたり、釣りしたり」

父親は〈手習いは坂に車を押す如《ごと》き〉という言葉を川相と弟に言い聞かせた。これは〈学問や手習いは車を押して上り坂を進むようなもので、気を緩めるとすぐに後戻りしてしまう。そのため、絶えず努力しなければならない〉という意味である。川相にとって努力すべき対象は野球だった。川相は〈努力〉〈根性〉〈甲子園出場〉などの言葉を書いて壁に貼ることにした。

「小学校の高学年ぐらいのとき、とにかく毎日何かを続けようと思ったんです。最初にやったのが腕立て、腹筋、背筋。毎日少しずつやり続けました。一気に沢山やると疲れが残って、翌日に響いてしまう。だったら数を減らして毎日やる。例えば腕立て伏せ五〇回をやるところを、一〇回、二〇回でもいいから毎日やる。ほんのちょっとでもいいから続けることが大事だというのが親父の教えでした。一日休むと、それを取り返すのに三日、いや一週間とか掛かってしまう。少しでもいいから続けろって言われたんです」

毎日少しずつ努力する、そして決して休まない。これが川相の現役生活を貫く人生訓となる。

二

小学六年生の卒業文集で川相はこう書いている。

〈ぼくは、将来、プロ野球の選手になって活躍したいです。でも、その前に高校野球に出て、優勝するのが夢です。どんなに苦しくても、つらくても、努力して、夢に挑戦します〉

最初の夢である甲子園出場を身近に感じたのは、中学入学直後のことだった。自宅から五キロほど離れた場所にある岡山南高校が春の選抜に初出場したのだ。この大会で岡山南は準決勝にまで進んでいる。その姿をテレビで観た川相は自分も甲子園に立ってみたいと強く思うようになった。そして、ようやく本格的に野球を始められるのだと意気込んで、藤田中学校の軟式野球部に入っている。

しかし――。

「近くに団地もあって、三つの小学校から集まってくるので人数はいるんです。でも、公式戦で一度も勝ったことのないチームでした」

中学二年生の夏、三年生が部活を引退して、川相たちが最上級生となった。川相は自ら主将になると宣言し、練習メニューを考案した。そして秋季大会で公式戦初勝利を挙げている。

「二つぐらい勝って、（岡山市の）ベスト八ぐらいまでいったのかな」

これが中学校での最高成績となった。

中学三年生の春季大会が終わった後のことだった。

「監督や顧問の先生がいない日に生徒だけで練習していたんです。シート打撃でぼくが打って、ベースを回ったところで止まろうと思ったら、何かに引っかかったようになって、ボキボキって音がした。足首が折れたんです」

この骨折により、夏の大会には出場できなかった。それでも野球に対する熱は冷めることはなかった。大会が終わった後、同級生と連れだって岡山東商業に出かけている。同級生の親戚が岡山東商業野球部の卒業生だった関係で練習を見学させてもらうことになったのだ。

岡山東商業は六五年の選抜で優勝経験がある岡山県の強豪校だった。古くは大洋ホエールズの秋山登、あるいは平松政次といったプロ野球選手を出している。その帰りのことだ。誰ともなしに、ついでに岡山南の練習も覗きに行こうという話になった。入学したばかりの春に行われた選抜で勝ち進んでいたという記憶も頭のどこかにあっただろう。

〈見つからないように校舎の陰からそっとグラウンドをのぞいていたのですが、夢中で見入っていると、突然、後ろから声がしました。

「きみたち、どこの中学生だ?」

野球部部長の藤原忠昭先生でした。やばい、殴られると思って身をすくめると、意外にも「見学をしたいならこっちにおいで」とベンチに案内されました。そこにはテレビで見た選手たちや臼井敏夫監督がいました。伝統校ならではのピンと張りつめた重厚さを感じた岡山東商に比べ、岡山南のほうは、のどかさの中にどこかこれから強くなるぞという伸びしろをたくさん秘めた可能性を感じました。私たちは「岡山南」と印の入った硬球のお土産をもらって帰りました〉（『明

日への送りバント』川相昌弘）

岡山南は七七年の選抜以降、甲子園出場はない。このとき、出場していた選手はすでにチームにはいなかったはずだ。〝テレビで見た選手たち〟というのは記憶違いだろう。

学業成績の良かった川相は進路相談で当然のように普通科の高校進学を勧められている。

「（岡山）南や（岡山）東（商業）という話は一切出なかったですね。これから先のことを考えたら、お前は普通科高校に行って、大学に行ったほうがいいって言われました」

岡山商業はその名の通り商業高校である。また、岡山南も岡山商業を前身としており、商業科の他、情報処理科、服飾デザイン科を持つ専門学科の高校だった。

しかし、川相は「先生、ぼく、甲子園に行きたいんです」と言い返した。そして練習を見学したときの印象で岡山南を選んだ。父親は川相が決めたことだからと、何も口を挟まなかったという。

ある日のことだ。近隣に住む男からどこの高校に進学するのかと訊ねられた。

「その方はうちの近所に住んでいたんです。娘さんはぼくの卒業した小学校に通っていたはずです。うちに来たのか、家に行ったのかは覚えていないんですが」

世間話のような調子で問われたので、川相はあっさりと岡山南であると返した。この会話の意味が分かったのは、しばらくしてからのことだった。

岡山南に入学してみると、この男が監督を務めていた中学の野球部にいた選手がいた。川相とバッテリーを組むことになる捕手の直松、そして内野手の本間立彦である。二人とも地元では名前を知られた選手だった。川相が来ることを監督から聞き、岡山南を選んだのだという。川相の選ぶ高校は甲子園出場の可能性が高くなると、近隣の野球関係者が川相の動向を気にしていたことを後から知った。

川相は高校一年生夏の県大会からベンチ入りしている。一年生でメンバーに入ったのは、川相ともう一人の投手、徳永だけだった。

大会前、地元紙『山陽新聞』のチーム紹介にはこう書かれている。

〈例年に比べると小粒だが、粘っこさが今年の特徴。下級生の投手陣を盛り立てようとチームワークは抜群。昨秋来、試合ごとに力をつけてきた。（中略）投手陣は野崎学を中心に川相、徳永と将来性豊かな陣容。野崎学は経験を積むにつれて力みが消え、カーブを有効に使い打たせてとる投球が出来だした。川相は速球、大型左腕・徳永は長身を利した角度ある直球が武器〉（一九八〇年七月一〇日）

ところが、大会初日、第一試合で和気閑谷に一対二で敗戦。最初の夏はあっけなく終わった。

川相の出番はなかった。

「まあまあいいメンバーが揃っていて、甲子園に行けるぐらいの力はあったんですよ」

試合の記憶は全くない。ただ、炎天下の中で厳しい練習がすぐに始まるのだと思ったことだけを覚えている。

「三年生がいなくなるので、自分の中で何か変えなきゃいけないっていう気持ちがあったんです。じゃあ、ランニングで学校まで通おうと」

それまでは自宅から高校までの五キロの距離を自転車で通っていた。毎日走っていくという川相の決意を聞いた先輩たちは「夏の練習をやりながら走るなんて、絶対に続かない」と鼻で笑ったという。

「親父が学校に近い会社で働いていたんです。行きは荷物を校門のところに置いてくれました。帰りは近くに住んでいた同級生に荷物を持ってもらう。そいつの自転車の後をぼくが追いかけていたんです」

それから卒業まで、川相は高校までの往復を走り続けることになった。

一年生の秋季大会、そして二年生の春季大会までは一学年上の野崎が主戦投手、川相は二番手だった。

「春の県大会で倉敷工業と試合をしたときに、ぼこぼこに打たれた。自分ではそこそこ球も速くて自信はあったんです。でも、強いチーム、強いバッターには普通に投げていては通用しない。自分の中で何かを変えなきゃ甲子園に行けないと思ったんです」

特に印象に残っているのが、中藤義雄だった。川相より一つ年上の中藤は倉敷工業卒業後、プリンスホテルに進んだ。八六年の都市対抗野球に出場し、この年のドラフト四位で近鉄バファローズに入っている。

「金属バットですから、少々（速い程度）のストレートは打ち返される。困ったときには内野ゴロを打たせて、ダブルプレーでピンチを凌《しの》ぐみたいに、打たせて取らないといけない。そのためには小さく動く変化球を持っておかないと通用しない。それで覚えたのがシュートとスライダー。手元で変化するボールを投げて、タイミングをずらしてゴロを打たせる」

元々、シュートとスライダーの握り方は知っていた。

「ブルペンで色々と試して研究していましたね。どうやったらシュートが変化するだろう。スライダーだったら人差し指を動かして投げたらどれぐらい曲がるか、とか。最初は本当に少しの動きだったんです。その小さい動きがすごく良かったんです」

実戦で試してみると、思った通りに内野ゴロに打ち取ることができた。そして二年生の夏の岡山県大会前、川相に背番号一が渡された。

大会前の『山陽新聞』は〈完全な攻撃型チーム〉という見出しで岡山南を紹介している。

〈レギュラーのうち八人までが3割を超え、チーム打率も3割1分4厘。足のある小川、野崎健が出て、岸本、本間、川相と続くクリーンアップの長打にかける。

投は川相、野崎学。速球で押す川相は内角高めに投げられれば力は倍増する。ただ、時折単調に陥りやすく、捕手のリードがウエートを占める〉(一九八一年七月一〇日)

岡山南は、水島工業、作陽、西大寺、玉島商業を下して決勝に進出した。中でもシード校だった作陽を川相は二安打完封している。決勝の相手は玉野だった。

決勝前日、『山陽新聞』は〈決勝の見所〉でこれまでの川相の好投ぶりに触れている。

〈川相と玉野打線の対決が焦点。(中略)川相はこれまで当たった投手とは球の力が数段違う。内角をえぐるシュート、球速を殺したカーブが切れに切れている。玉野が過去4試合のように振幅の大きい振りをするようだと一転して沈黙する恐れも。玉野としては制球に不安の残る川相の立ち上がりをどう攻めるかがポイントとなる〉(一九八一年七月二八日)

決勝は延長戦までもつれた。一〇回裏、四番の本間が中堅前に安打を打ち、サヨナラ勝ち。岡山南は夏の甲子園、初出場を決めた。試合後、玉野の監督、平谷は「あんな投球をされたら打てっこない」と四安打に抑えた川相の投球を絶賛している。

二年生ですから、気楽な気持ちで投げられたというのが良かったんでしょうねと川相は振り返る。

「要所でシュート、スライダーがはまったな、という感じはありました」

準々決勝から決勝まで三日連続、川相は最後まで投げきっている。準々決勝と決勝は延長一〇回。勝ち進んでいるという気持ちの高ぶりもあり、疲れは感じなかったという。しかし、気がつかないところで彼の躯に異変が生じていた。

三

開会式で初めて甲子園の土を踏んだとき、憧れの場所に来たのだと感慨深かった。

「プロ野球選手になりたいという夢はありましたけれど、その手前の夢が甲子園。そこに立っているということで満足感はありましたね」

出場校が並んでいる中で、思わず目を追ったのは東東京代表の早稲田実業だった。前年の夏、早稲田実業は一年生投手の荒木大輔を中心に準優勝していたのだ。

「一年生から試合に出ていましたから、当然知っていました。おー荒木大輔かと思って見てましたね」

荒木さんとは同じ年ですね、やはり意識していましたかと聞くと「それはもう」と笑いながら頷いた。

「でもやっぱりぼくは田舎者だし、強そうだなぁなんて思って見てましたよ」

自分の躯がいつもと違うと気がついたのは、開会式直後のことだった。

「練習する場所がなかったので、河川敷に行って軽くキャッチボールやろうかという話になったんです。そうしたら、肩がおかしい。なんかボールに力が入らない。バネが伸びきったような感じなんです」

川相が「ちょっと投げられそうにないです」と異常を訴えると監督は顔色を変えた。監督、そして野球部の部長たちがあちこち当たって、肩を診てもらえる場所を探した。

「肩がおかしくなったのは初めてだったんです。当時はアイシングさえしたことがなかった。それで治療してもらうところに行ったんです。だから、試合はぶっつけ本番でしたね」

一回戦の相手は栃木県代表の宇都宮学園だった。

岡山県からバス六三台に約四〇〇〇人の応援団が駆けつけている。中でも川相の地元、藤田からはバス一一台を仕立て、五五〇人を超える人間が集まっていた。観客席には、オレンジ色と青色のチューリップハットで〝南〟の頭文字、「M」が描かれた。

マウンドで川相は甲子園独特の雰囲気を感じていた。

「ふわふわした感じはありましたね。緊張して何もできない、というほどではなかったです。でも自分のリズムでは投げられなかった。チーム全体が自分たちのペースでプレーできなかった」

翌日の『山陽新聞』の戦評はこう始まっている。

〈初陣の悲しさとでも言うのだろう。立ち上がりの岡山南はまるで地に足がついてなかった。塁上はにぎやかすのだが、詰めがない。（中略）敵は宇都宮学園でなく、甲子園のふん囲気だった、と言っても過言ではないだろう〉

三回裏、宇都宮学園は死球と川相のバント処理の失敗で一死一、二塁と先制の好機を作る。そして、次の打者、宮明浩への初球だった。

「ガツーンと三ラン（本塁打）を打たれた。確か、もう一点取られているんですよね。それはどんな風だったのかは忘れました。三ランを打たれたというのははっきり覚えていますね」

前出の戦評では川相の投げ急ぎを指摘している。

〈死球から本塁打までに川相が要した球数はわずか3球。ミスを自らの右腕で補おうとする闘志は買えるが、宮への初球はあまりに無造作。県大会のように、こういう場面でこそじっくり〝間〟をとるべきだった〉（一九八一年八月一二日）

〇対四の完封負けだった。

最初の甲子園はあっという間に終わったと川相は振り返る。

「チーム自体が本当に強くなったのは、その年の秋から。新チームになってからなんです」

一〇月から県高校野球秋季大会兼中国大会予選が始まった。岡山南は作陽、そして準々決勝で倉敷工業を共に七回コールド勝ちしている。

今では考えられないのだが、準々決勝の翌日に準決勝と決勝の試合が組まれていた。朝九時から準決勝、そして午後二時半から決勝戦だった。岡山南は準決勝の水島工業戦を四対二、決勝の津山戦は六対〇で勝利した。川相は全試合を投げきっている。

県大会の後、またも肩の力が入らなくなったという。

「学校で投げようと思ったら、力が入らない。前と一緒。投げすぎですね」

翌年の選抜出場権のかかった中国大会の一週間前から川相は肩を休めるため球を握っていない。

「投げるなって言われて、ノースロー。またもぶっつけ本番です」

一一月三日、広島県二位の広陵を下し、翌四日に準決勝で島根県一位の浜田と対戦している。浜田戦は延長一〇回までもつれ、三対二で勝利。決勝はまたもや同日行われている。相手は広島県一位の尾道商業だった。

〈右肩を痛め、鎮痛剤を服用して連投にいどんだ岡山南・川相と尾道商打線の対決が一つの焦点となった。この勝負、明らかに不利と思えた川相が七割方カーブを駆使し、巧みなコンビネーションで尾道商打線を切って取り、見事栄冠を手中に収めた。速球を武器に攻め一辺倒の本来の力強さこそなかったが、ピッチングをがらりと変えての栄冠は川相だけでなく、バッテリーの今後の大きな糧になったに違いない〉(『山陽新聞』一九八一年一一月五日)

肩に変調をきたしている高校生投手が変化球中心の配球を余儀なくされたことを〈今後の大きな糧〉になると評することに、時代を感じる。当時は選手の体調管理という概念が薄かった。川相によると自分が主戦投手になってから、全ての公式戦で完投していたという。

「甲子園とか出ると他県から招待試合に呼ばれますよね。一試合目はぼくが完投。二試合目は最初、外野を守っているんですよ。それでピンチを迎えると、監督から〝おーい〟って呼ばれて投げる。だいたい一試合半は投げていたことになりますね」

ともかく、中国大会の優勝により、岡山南は翌春の甲子園の出場権を手に入れた。

四

岡山南は一回戦で北海道代表の北海と対戦した。

四回表、四番の本間が初球を右翼のラッキーゾーンに本塁打を打ち、二点を先制した。しかし、川相が六回に二点を失い同点に追いつかれる。七回、岡山南は三番の横谷総一の適時打で一点を挙げ、これが決勝点となった。二年生の横谷は翌年、ドラフト外で阪神タイガースに入ることになる。

二回戦の相手は荒木大輔のいる早稲田実業だった。

甲子園には時折、その世代の太陽のような選手が現れる。高校一年生の夏、甲子園に颯爽《さっそう》と現れた荒木はまさに燦々《さんさん》と輝く太陽だった。少年の面影を残した端正な顔つき、野球選手としては華奢な躯。そして早稲田実業という名門校のユニフォームが、彼をさらに魅力的に見せていた。

早稲田実業との対戦は望むところだった。

「嬉しかったですね。荒木大輔の他、亡くなりましたけどキャプテンの小沢がいて、そして板倉もいました。有名なチームでしたし、対戦できるのは本当に嬉しかった。負けてたまるかっていう気持ちがありました」

早稲田実業の小沢章一は荒木と共に一年生の夏から甲子園に出場していた好守の二塁手だった。早稲田大学に進んだが怪我により、野球を断念。二〇〇六年一月に肝臓癌《がん》で死去している。二年生の板倉賢司は翌年のドラフト三位で横浜大洋ホエールズに入った。

早稲田実業の眩《まばゆ》さの前に岡山南は萎縮したのか、自滅する——。

一回表、一死から内野安打。続く打者を投手ゴロに打ち取り、二塁で併殺のはずだった。ところが球を受けた遊撃手が落球。続く四番の板倉に安打を許し一点。五番打者にも安打を打たれて満塁となる。六番の荒木の三塁へのゴロを内野手が弾いて二点目が入った。川相は後続を打ち取ったが、五回にもエラー絡みで三点目を失った。〇対三の完封負けだった。

〈力を出せぬまま早実に寄り切られた岡山南の中で光ったのがエース・川相の力投。その川相、お立ち台でヒーローインタビューを受けていた早実・荒木を一べつして三塁側通路に引き揚げてくると、しばし無言。いかにも悔しいといった表情。

「今日は球も走っていたし、相手のヒットもいい当たりはなかった」「何が何だかわからないうちに終わっていた」…報道陣の質問にも感情を押し殺すようにポツリ、ポツリ。

「荒木君の投球にはうまみがあった。夏までにはスピードと変化球の切れをつけて、もう一度投

げ合ってみたい」と、気の強いところをチラリ〉（『山陽新聞』一九八二年四月二日）

川相は改めて荒木の投球をこう評する。

「無茶苦茶速い球っていうのじゃないんです。脱力するような感じから投げてきて、手元でボールがビュッと変化したりする。動くんです。だから、（スイングの）タイミングが遅れる感じがありましたね。畠山とかすごい速いピッチャーがいましたが、荒木はそうじゃない。ストライクゾーンの使い方が上手い。甲子園を知っているなと思いました」

畠山とは池田の畠山準だ。川相や荒木と同じ年のこの速球投手はこの年のドラフトで南海ホークスから一位指名を受けることになる。

ちなみに早稲田実業は次の準々決勝で横浜商業に一対三で敗れている。

甲子園を二度体験したことで、川相の目は全国に向くようになっていた。もう一度甲子園に戻ってきて、今度はもっと高い場所まで登るつもりだった。

春季県大会は優勝、そして高校最後の夏がやってきた。

大会前の『山陽新聞』で岡山南は、当然のように優勝候補として紹介されている。

〈投攻守のバランスは県下一。新チーム結成以来、県大会、中国大会では負け知らずの17連勝。

タイトルの完全制覇を目指す。

大黒柱はエース川相。速球、カーブのコンビネーションに加え沈むシュートをマスターし、失点が2点までと計算できるのは大きい。守りも穴はなく、捕手直松は、クイックモーションとスローイングの正確さで、肩の弱さをカバーする。

打線はジグザク、破壊力を秘める。ガッツ土屋をトップに据え横谷、本間、川相には一発長打、水嶋が六番に入り、下位に厚みが出来た。県大会では先行を許したのが過去一度だけ。劣勢になった時、モロさが出るかどうか。精神力がカギを握っている〉（一九八二年七月一一日）

野球という競技には偶然、理不尽が含まれている。長期的なリーグ戦であれば必ず強いチームが上に行く。しかし、短期決戦のトーナメント戦は番狂わせがつきものだ。一試合だけの対戦であれば、力の差があったとしても、片方が必ず勝利するというものではない。加えて精神的にまだ完成されていない高校生である。盤石な優勝候補はありえない。強いと認められているが故に、戦い方を分析され、徹底した対策をとられる。

川相たちはその標的となっていた。

五

初戦、岡山南は倉敷工業を横谷の満塁本塁打などで一二対〇という大差をつけて五回コールド勝ち。続く津山工業戦は延長一〇回で一対〇の辛勝。そして準々決勝で岡山東商業と対戦した。岡山東商業はかつて、川相が進学を検討した高校である。この試合が県大会の一つの山だった。岡山東商と岡山南が県大会で対戦するのは一〇年ぶりのことだった。〝東南決戦〟を見るために多くの観客が詰めかけた。川相は観客席がいつもと違う「ちょっと異様な雰囲気だった」と振り返る。

先手をとったのは岡山南だった。三回に二点、四回には川相の中堅への打球がランニングホームランとなり三対〇となった。

この日、岡山東商は強打の岡山南対策として、外野手を深めに守らせていた。これが当たり、五回にフェンス間際の打球を左翼手がグラブに収めている。六回に一点を返した後、七回一死一、二塁の場面で岡山南の二番打者の打球が右中間に飛んだ。通常の守備位置ならば長打となる、はずだった。しかし、この打球を中堅手が飛びついて好捕し、追加点を許さなかった。

岡山東商はこの好守でぎりぎりで踏みとどまった。その裏、川相が突如崩れる。

岡山東商の右打者は初回からホームベースに被さるように構えていた。シュートを得意とする川相対策だった。

「ストライクゾーンに躯を入れているので、今のルールではデッドボールにはならないんですけれど、当時は違った。ストライクゾーンにシュートを投げると逃げないで当たってくる。ぼくは審判に〝ストライクですよ〟って抗議したのを覚えていますよ」

ぼくって、穏やかそうだと言われますが、だいぶ気が短いんですよ、と川相は苦笑いした。

「ピンチになるともう、カッカカッカして、前しか見られない。これでもか、これでもかって投げるのでガンガンやられるんです。（気を静めるために）間を取らなきゃいけない。冷静になってバッターを打ち取らなきゃいけないって分かっていたんですけれど、それができない」

川相は怒りのあまり、うぉーと声を出して吠えた。その声はテレビ中継に聞こえるほどで、後から同級生から熱くなりすぎだと指摘され赤面したという。

〈打者をベース寄りに立たせたことが2点差を追う七回に実る。川相の得意とするシュート封じだ。一死からいきなり二死球を呼び、おまけにシュートだけでなく外角の球も甘くなり、小幡が中前タイムリーして1点。なおも二死満塁から赤沢が右中間を真っ二つに割って5―3と試合をひっくり返した。

「インコースを狙った直球が少し甘くなった」と川相投手は〝かぶさり〟打法にしてやられ、くちびるをかむ〉(『山陽新聞』一九八二年七月二九日)

川相はこう振り返る。

「もう相手の作戦通りなんですよ。最後に投げたシュートが甘くなって打たれた。後から監督に、お前が冷静になって変化球を投げていれば打たれなかったって言われました」

この四失点が決勝点となり、岡山南は三対五で敗れた。

三塁打を放った三番打者の赤沢とは中学校時代から面識があった。彼は岡山南を志望していたのだが、直前で岡山東商に変えたのだ。それを知っていただけに悔しさが倍増した。なお、赤沢に続く四番打者は四打数〇安打と完全に抑えている。この二年生の四番打者は三菱自動車水島を経て、八六年ドラフト三位で阪神タイガースに入った。後に〝代打の神様〟と呼ばれる八木裕だ。

「試合が負けたときに思ったのは、次、どっかで(野球を)やりたいということ。次のステップで見返してやるんだって気持ちになりましたね」

この時点では〝次のステップ〟の中にプロ野球選手になるというのは入っていなかった。プロ野球球団のスカウトが視察に来ているという話は耳にしていた。

「そのときの監督さんや部長さんは、スカウトが来ていることをぼくらには伝えなかった。隠して隠して、隠し通すという、昔の高校野球の指導者でした」

彼らが興味を持っているのは、四番を打つ本間だろうと川相は思い込んでいた。

「大学と社会人（野球）から誘いがありました。ただ、岡山南から大学へ行って野球をやったという人が少なかったんです。また一年生になって（上級生からの）説教を食らうのは嫌だなっていう気持ちもありました。それだったらお金を貰いながら野球をやるのがいいかなと。社会人からの話は五つ以上来てました」

その中から選んだのは三菱重工神戸だった。

「神戸ならば岡山にも近いし、監督さんも非常に温厚でいい方でした。面接を受けて、練習場とか寮を見学させてもらいました。ピッチャーをやりながら打つ方も頑張れ、と言われてやる気満々だったんですよ」

内定の際、一つ条件を付けることになった。ドラフトで指名されたときは、プロ野球球団を選ぶかもしれないというものだった。

ドラフト会議が近くなり、川相によると「一〇球団ぐらい」のスカウトが挨拶に来ていたのだ。

「でもなんか現実的ではなかったですね。プロ野球選手になることは憧れでしたけど、本当に自分がいつもテレビで観ているあの人たちと一緒にできるなんて思えなかった」

舞い上がっていたのはかつてプロ野球選手になりたかった、父親の禎一だった。

「自分がドラフトされるんじゃないか、ぐらいでしたよ。自分の息子を獲るためにプロのスカウトが挨拶に来るなんて想像していなかったですから」

投手ではなく内野手として考えていると言ったスカウトもいた。上背のない川相は投手としてはプロ野球では難しいだろうと自覚していた。しかし、内野手としてグラウンドに立っている姿も想像できなかった。

「ピッチャーも野手も両方無理だろうって思っていましたよ」

そうは言いながら、プロ野球選手名鑑をぱらぱらと捲りながら、内野手の手薄なチームを探したこともあった。その中でここだけは無理だと思った球団が一つだけあった。子どもの頃から憧れていたジャイアンツである。

「当時の内野のレギュラーは、中畑清さん、篠塚和典さん、原辰徳さん、河埜和正さんでした。二軍にもいい選手が沢山いました。いくらセンスを買ってくれても、ここで出られるはずがないと思っていました」

最年長の河埜が三一歳、他の選手はみな二〇代だった。彼らはみな若く、しばらくは内野手のポジションに空きは出ないはずだった。

ドラフト当日、川相はいつものように授業を受けていたという。午後二時半過ぎ、監督が川相の教室にやって来た。

「巨人が指名をしたって呼びに来たんです。びっくりしましたね。まさかの巨人だって」

あとからジャイアンツ、近鉄バファローズ、ヤクルトスワローズが重複指名し、ジャイアンツが交渉権を獲得したことを知った。

「近鉄は熱心に誘ってくださった球団の一つだったんです。（地元の岡山から）近いので近鉄、南海（ホークス）はあり、かなと思っていました。ヤクルトに指名されたのはびっくりしましたね」

この年、ジャイアンツは一位で早稲田実業の荒木大輔を指名していた。くじ引きで荒木の交渉権はスワローズが獲得。そして外れ一位で市立川口の斎藤雅樹を指名している。

なお川相の同級生、本間は日本ハムファイターズから四位で指名された。

翌日の『山陽新聞』には学生服を着た川相と本間が笑顔で握手している写真が掲載されている。

〈プロ志望の本間は入団の方向へ。川相はしばらく考えて結論を出すことになったが、高く評価された指名だけにさすがにうれしそう。県内の高校で二人同時に指名されたのは珍しく、校内も喜びに包まれている。（中略）クラスメートから赤飯のおにぎりや、外部からサワラ一本のプレゼントが届いたり〉（一九八二年一一月二六日）

ジャイアンツに入るかどうか悩みましたか、と訊ねると、もちろん悩みましたよと答えた後、笑顔でこう続けた。

「人生で夢だと思っていたことが本当に起こるなんて、なかなかないじゃないですか。もうありがたく受け入れるしかない。プロでやっていけるかどうかについては不安だらけでしたけど」

背番号は六〇番、内野手として入団することになった。背番号は気がついたときには決まってたという。

しばらくしてからジャイアンツのスカウトだった山下哲治から内野手としての適性を試していたことを教えられた。

高校三年生の夏の県大会の後、川相は後輩の練習を手伝っていた。そのとき監督から遊撃手の場所でノックを受けるように指示されたことがあった。

川相が内野を守るのは小学生時代のソフトボール以来だった。元々フィールディングには自信があった。ぎりぎりの所に飛んだ打球をグローブに入れる感触が気持ち良かった。山下が川相に内野手の守備練習させてくれないかと監督へ頼んでいたのだ。

六

年が明けた一月、ジャイアンツの合同自主トレーニングが始まった。川相はまず他の選手の体格に圧倒された。

「一番びっくりしたのは、躯のごつさ。パワーとか体力的な部分では勝てないなと思いましたね。とはいえ自分にスピードがあるかというと、足もそんなに無茶苦茶速くはない。勝てるものはないなって」

川相の身長は一七〇センチ台半ばあったが、細身だった。

「この中で生き残っていくには何をやったらいいのか、どうやったらいいのかっていうのは、毎日練習しながら考えてましたね。唯一、自分が優位に立てるというのはランニングだけ。例えばドラフト一位の斎藤雅樹に勝てたのは持久走。高校のとき毎日(自宅と高校の間を)往復一〇キロを走っていましたし長距離走には自信があったんです」

斎藤は長距離走よりも短距離走を得意としていたという。

「どちらかというと瞬発系の筋肉を持っているんでしょうね。ボールを捕ったり投げたりするセンスも凄くあった。いいもの持っているなぁと思ったけど、自分はピッチャーじゃないので、そんなに気にはならなかった」

川相が意識したのは、同じ年の藤本茂喜だった。藤本は高知県の明徳(現明徳義塾)高校出身、ドラフト六位指名の内野手だった。

「彼の方が野手を経験しているので、ずっと上手かった。こいつ、やるな、ぼくよりも全然上手いなって思っていました」

ジャイアンツの新人選手は多摩川グラウンドに近い寮で生活することになる。やはり同じ年の稲垣秀次と二人部屋だった。稲垣は調布市立第三中学校から田中土質研究所を経て、ドラフト外でジャイアンツに入っていた。高校に籍を置いたことのない珍しい経歴の内野手である。

「八畳ぐらいの部屋にベッドが二つ。私物はファンシーケースが一つ、冷蔵庫一つぐらい」

ファンシーケースとは、金属製の骨組みにビニール製の生地が張った簡易衣装ケースである。

壁には〈プロのスピードに慣れること〉〈内野守備の基本を頭と体で理解すること〉と書いた紙を貼った。外部からの連絡は寮に一台の公衆電話のみ、である。

「完璧に野球漬けでした」

そう言って川相は微笑んだ。

連日、居残り練習で二軍の守備コーチだった須藤豊のノックを受け続けた。

「須藤さんは右、左、前と捕れそうで捕れない位置に打ってくる。ボールに食らいついて、捕ったら思い切り投げ返す。自分の取り柄は元気だけだと思っていたので、もう喧嘩《けんか》腰でやってましたね」

野手の経験がないままジャイアンツに入ったことが良かったと川相は振り返る。

「（ジャイアンツの練習は）とにかく基本練習の繰り返しばかり。チームプレーに関しては妥協しない。ジャイアンツというのはV9時代からチームプレーが伝統というのは知っていました。一年目からそれを徹底的に叩き込まれました。それに食らいついていくしかなかった」

川上哲治監督の下で九連覇したときのジャイアンツは一つのサインで複数の選手が連動的に動くチームだった。

「まずサインミスは駄目。（監督が何をしようとしているのか）分からないっていうのは駄目。そしてサインが分かっていても、その動きができないと駄目。例えばピッチャーは、ストライクを投げなきゃいけないというときに、ボールが二球でも続くものならば、〝練習外れろ〟って言われる。チームプレーというのは、一つのサインで全員が完璧に動いて初めて成り立つ。それがサインプレーなんだと」

ジャイアンツはグラウンドの外でも厳しい規律がある。かつて八八年にドラフト外で入った石毛博史から、ジャイアンツには指定された時刻よりも先に着くという不文律――ジャイアンツタイムというのがあったと聞いたことがあった。

その〝習慣〟について川相に聞くと、そんなことは当たり前だという風な表情になった。

「まあ（集合時間の）二〇分ぐらい前にはみんなバスに乗りこんでいましたね。（チームで移動の際）Gパン禁止、漫画禁止などもありました。それが当然だと思っていました」

ジャイアンツに入ってしばらくは、他の選手の背中を追いかけるだけで精一杯だった。

「本当に最初はヘボだったと思いますよ。とにかくこれが巨人軍のやり方なんだ、全てを受け入れてやってやろうと思っていました。練習も必死でしたし、予習復習もしました。練習前にはいつも(サインプレーを)予習してからグラウンドに行っていました。それで終わったらその日やった練習を思い出して、このサインのときはこんな風に動くという図をノートに描いてました。小学校高学年ぐらいから日記をつけていたので、ノートをつけるのは苦じゃなかった。だからサインプレーのことで怒られた記憶はないです」

川上哲治監督時代のもう一つの特徴は役割分担である。三番の王、四番の長嶋の周りを柴田勲、高田繁、土井正三、黒江透修、末次民夫といった個性ある選手が固めていた。川上は王、長嶋の得点力が最大限に発揮できるよう、彼らを綺麗な流線型となるように並べたのだ。その考えは八〇年代にも引き継がれていた。

このチームの中で何ができるのか、その役割を果たすことができれば居場所を確保できると川相は朧気《おぼろげ》に感じていた。

「チームの勝利のため、任されたことは徹底してやりたいっていう気持ちはぼくにあった。何かに徹するという意味では他の選手には負けない部分を持っていた。巨人軍の伝統に上手くはまる性格だったのかもしれませんね」

二年目の八四年から監督が藤田元司から王貞治に代わった。四月二四日に初めて一軍登録され、その日の横浜大洋ホエールズ戦に出場。この年は一八試合出場、九打数一安打という記録を残している。

もしかしたらこの世界でやっていけるかもしれない。かすかではあるが遙《はる》か先に灯りが見えたような気がしたという。しかし、光に辿《たど》り着くまでにはしばらく時間が掛かることになる。

七

「三年目、四年目ぐらいからほとんど一軍にいたんですけれど、出たり出なかったり。中途半端な一軍半ぐらいの選手でした。王さんがぼくを一軍のベンチに置いていたというのが不思議でしょうがない。当時の王さんは打たなきゃ使わないという監督でした。でもぼくは打てない。もっと試合に出たい、二軍でずっと出た方がいいんじゃないかって思ったこともありましたね。でもベンチに座っていないと見られないこともある」

川相がその動きを注視したのは、同じチームの二塁手、篠塚だった。

篠塚と一緒にノックを受けているとき、彼の真似をして捕球体勢に入ると、球が見やすいことに気がついた。篠塚は頭を動かさず、常に一定の目線を保っていた。巧くなるにはいい選手を観察することだ。そう考えた川相は対戦相手のこれぞと思った選手をベンチから凝視するようになった。横浜大洋ホエールズの山下大輔、阪神タイガースの平田勝男、広島東洋カープの高橋慶彦、正田耕三である。

川相がその力を発揮するようになったのは背番号を六〇番から〇番に変えた八九年のことだった。川相にとってはジャイアンツに入って七年目のシーズンに当たる。この年から監督が再び藤田元司になっていた。

「この年からぼく、バッティング捨てたんですよ」

どういう意味ですか、と聞き返すとこう続けた。

「藤田さんはピッチャーを中心に守りの野球をやっていくと言っていたんです。自分の得意な分野は守備だったんで、とにかくしっかり守ること。そして（打撃では）バントをしっかり決める。エンドランのサインが出たら、どんなボールでも転がす。それを徹底してやったらレギュラーになれるんじゃないかなと思ったんです。バッティングはどうでもいいやって」

どうせ（投手は自分のことを）舐めてくるだろうから、甘い球だけ打てばいいって考えることにしたんですよ、と悪戯《いたずら》っぽい笑顔になった。

「藤田さんの野球って、初球から打つな、だったんです。（自分の場合は）二ボールノーストライクではだいたい待て。三ボール一ストライクでも待て。得点圏にランナーがいる以外では、ほぼ打たせてくれないです。基本二ストライク（取られて）から勝負。それで粘って相手投手に球数を投げさせる。それってベンチの指示だから仕方がない。ある意味気楽なんですよ」

つまり、藤田は非力な川相の打撃には期待しない。川相の役割は走者を進めるバントやエンドラン、あるいは球筋を見極めるため、投手を疲れさせるために一球でも多く球を投げさせることだった。

「たまに打てっていうサインが出るときがあるんです。そういうときってピッチャーはぼくを歩かせたくないから、厳しいコースは突いてこない。ぼくは自分の好きなところだけ待って、そこに来たらミートすればいい。そう考えていると一本ぐらいは打てちゃうんですよ」

フフフと愉快そうに笑った。

「指揮官が考えている野球のリズムに合ってきたんです。そうすると監督もサインを出しやすい。指示に従って、ボールを見ながら粘ったりする。そうすると（配球が）読めてきたりするんです」

八九年の開幕戦は勝呂博憲が二番遊撃手で先発している。シーズン途中から川相は勝呂に代わって先発に入るようになった。この年、ジャイアンツはリーグ優勝、そして日本シリーズでも近鉄バファローズを相手に三連敗から四連勝して日本一となった。川相はゴールデングラブ賞に選ばれている。

そして九〇年、川相は自らの居場所を完全に見つけた。

九四試合に出場し、打率二割八分八厘、犠打五八。この犠打五八は日本記録である。そして二年連続でゴールデングラブ賞を受賞、オールスターにファン投票で初出場している。ジャイアンツはセ・リーグを連覇した。

翌九一年は犠打六六、自らの日本記録を塗り替えた。犠打――バントは川相の代名詞となる。

八

彼の趣味の一つは、時間のあるときに選手名鑑を眺めることだった。

「出身地、出身校、血液型とか調べるのが好きなんですよ。やっぱりどういうところで育って、どんな野球をやってきたのかっていう、その選手の原点みたいなものを知りたいじゃないですか」

そんな川相は試合に出ることが楽しくて仕方がなかった。

「昔からテレビで観ていた人たちのプレーを、最高の場所で研究できるっていうのはすごいありがたいなと思っていました」

特に中日ドラゴンズ戦である。八七年にロッテオリオンズから落合博満が移籍していたのだ。

「（パ・リーグの）三冠王っていうけど、リーグが違うのでなかなか見ることができない。目の前で三冠王を見られるなって楽しみにしていたんです」

注目したのは彼の守備だった。

「八七年に落合さんがロッテから中日に来たとき、ナゴヤ球場三塁側のベンチで落合さんの（三塁）守備練習をずっと見ていたんです。三冠王だから打つだけの人かなと思っていたら、守備も一生懸命やっている。うわっ、むっちゃ体勢低いわ、グラブをきちんと下から出しているわって。あまり落合さんの守備は話題になりませんけど、（グラブ）捌きが巧い。そしてスローイングもいい」

落合は一塁手として試合出場することが多かった。川相が走者として一塁に出たとき、落合から「お前か、タカさんの後輩は」と話しかけられた。

タカさんとはイチローなどを育てた高畠導宏のことだ。

落合もオリオンズ時代に高畠の教えを受けている。高畠は岡山南出身だった。数少ないプロ野球に進んだ先輩として、高校三年生時に川相は本間と共に高畠と会ったことがあった。高畠は自分の後輩が入ってくるので宜しく頼むと落合に言っていたのだ。

それから一塁の上で二人は話をするようになった。

「お前、ちょっと反対方向狙いすぎだわ、とか。あれじゃ、全部ファールになるぞと言われたことを覚えてますね」

川相は落合の眼力に驚いた。そのとき川相は右翼方向に打球を飛ばさなくてはならないと、右足の置く位置を工夫していたのだ。

「ランナーがいたら反対（右翼）方向に打たなきゃいけないって、考えていたらファールになる。悪いバッティングになっていたんです」

落合の指摘を受け入れ、打撃コーチと相談して川相はフォームを修正した。

ジャイアンツ入団からしばらく打撃練習が憂鬱《ゆううつ》だったという川相は、九三年に打率二割九分という数字を残している。これはセ・リーグで一〇番目、ジャイアンツの中では最上位だった。この時期、プロ野球はジャイアンツを中心に回っていた。テレビ中継があり注目の集まるジャイアンツに各チーム、主力投手を当ててくる中、この打率は数割増しで評価していいだろう。

打率が上向いたのは、このシーズンから監督が長嶋茂雄になったことも関係している。

「藤田さんと長嶋さんは野球の考え方が全く違うんです。藤田さんだと〝待て〟だったケースが、長嶋さんだとほとんど〝打て〟。相手（バッテリー）は今までの川相ならばこの場面で待つだろう、打ってこないだろうってイメージがあるわけです。そこで、打たねえぞって知らん顔して、カーンと打つ」

今までのイメージを利用したんですよ、とにこりと笑った。ただし、この九三年、ジャイアンツは三位に低迷している。長嶋はチームのてこ入れのために、フリーエージェント制度で落合を獲得した。

「落合さんのバッティングって見ているだけで勉強になる。ネクストバッターズサークルでのスイング、あるいはティーバッティングのやり方」

翌九四年、川相は三番の松井秀喜、そして四番の落合の前を打つことになった。そして打率三割二厘——ジャイアンツの遊撃手で三割を超えたのは広岡達朗以来だった。この年、ジャイアンツは四年ぶりにセ・リーグ、そして日本シリーズを制している。

ジャイアンツという球団はとにかく才能ある選手を掻き集める。仁志敏久、元木大介などの若手選手の台頭により、川相の出場機会は次第に減っていく。そして九八年のドラフトでジャイアンツは近畿大学の遊撃手を逆指名で獲得した。二岡智宏である。翌九九年から監督の長嶋は二岡を先発起用した。

川相は三四歳になっていた。二岡の将来性を見込んでポジションを与えることは理解できると言った上で、こう付け加えた。

「バッティングでは（自分が伍するのは）厳しいと思いました。ただ、守備では彼は肩は強いけど、動きでは負けていないと思いました」

その後の行動が実に川相らしい。遊撃手はもちろん、二塁手、三塁手の守備練習をこなすようになったのだ。

「（二岡が来たからといって）はい、どうぞと引き下がるつもりはなかった。二岡がショートならば、自分はセカンドでもサードでもできます。レギュラーになる前にやっていたポジションですから。試合途中から出てもいい、守備固めでもいい。どんな使い方をされてもいいと思っていました」

すでに川相は犠打の日本記録も作っている。そんな選手が控えを受け入れるというのは屈辱ではありませんでしたか。そう訊ねると川相は首を振った。

「ぼくはそんな風には思わなかったですね」

そしてこう続けた。

「プライドってよく言うじゃないですか。でもぼくはそのプライドが邪魔になって現役を早く辞めた人も見てきた。ぼくからすればまだまだできる人でした。こんなポジションできるか、あるいはこんな役割で我慢できるかって思うのかもしれない。監督の側にも、チーム事情ってあるじゃないですか。それを受け入れないと引退に追い込まれる。でも、折角憧れのプロ野球選手になったんです。滅茶苦茶ラッキーな人生じゃないですか。入れると思っていなかったところに入ったんです。もう要らないって言われるまでやりたいなと思っていました」

二〇〇三年九月、川相は引退を発表している。二〇〇二年から監督となっていた原辰徳から現役引退して、コーチに就任しないかという話をもらっていたのだ。川相は現役に未練があったが、これも縁だろうと原の誘いを受けることにした。

ところが——。

川相昌弘（かわい・まさひろ）

1964年9月27日、岡山県出身。岡山南高では投手としてチームをけん引、甲子園に春夏計2回出場した。1982年のドラフト会議で読売ジャイアンツから4位指名を受け、内野手として入団した。選手層の厚いチームにおいて、守備力とバントで存在感を示すと、藤田元司氏が監督に就任した1989年に、レギュラーを奪取。以降、ジャイアンツの2番・ショートとして中軸のつなぎ役として活躍した。2003年に当時巨人で一緒にプレーした落合博満監督の中日ドラゴンズへ移籍、新天地でも貴重な戦力として重宝された。2007年に現役引退、その後は中日・巨人のコーチを歴任。通算犠打数533は世界記録、ゴールデングラブ賞6回受賞。現在は野球解説者を務めている。

九月末、原が監督を辞任。一〇月に入って球団代表から改めて二軍コーチの話を貰った。しかし、来季の準備をしていた原が辞任したことに、川相は釈然としない気持ちを抱えていた。川相はコーチの話を断り、自由契約となった。

そんな川相に声を掛けて来たのは落合博満が監督を務めていた中日ドラゴンズだった。

川相は二〇〇六年まで現役を続けた。通算犠打五三三は今も世界記録である。荒木大輔などの同学年のプロ野球選手の中で、ドラヨンの川相は最後までプロ野球選手で居つづけたのだ。

「なんか最後までできちゃったという感じですよね。野球って色んなタイプがレギュラーになれる、ヒーローになれる可能性がある。だから面白いって思うんですよ」

その後、川相はドラゴンズの二軍、そして古巣ジャイアンツの二軍と三軍監督を務めた。

「ぼくみたいな大したことのないタイプ、最初大したことがないと思われていた選手を指導するのが二軍、三軍の役割なんです。そんな選手が自分が教えることによって良くなって一軍で活躍する。その姿を見ながら酒を飲むのが一番嬉しかったんですよ」

そう言って、川相は顔をほころばせた。脇役の人生の滋味は主役以上であるのかもしれないとその笑顔を見て思った。

CASE 6

達川光男

77年ドラフト4位

広島東洋カープ

一

空に向かってすっと伸びた観客席、その上に設置された照明スタンドに街中で出くわすと、どこからか歓声が沸き上がってくるような錯覚に陥る。コンクリートの塊に過ぎないはずの球場には人の心を掻き立てる何かがある。特に球場が暗闇の中で輝いている様は魅力的だ。ひょいと軽い気持ちで球場に行けるような場所に生まれ育った子どもにぼくは軽く嫉妬する。

達川光男はそんな街――広島市で幸福な少年時代を過ごした運のいい男である。

「最初は父親に連れていかれたけど、小学三、四年生の頃には一人で自転車で行きおったよ。外野（席）ばっかりやったけどね。一〇〇円とか一五〇円で入れたんじゃないかな。球場で食べた、うどんやカレーが美味しかったのを覚えている」

一九五七年七月、日本軍の西練兵場跡に建設された広島市民球場は広島市民にとって球場以上の存在だった。こけら落としとなった阪神タイガース戦には収容人員一八〇〇〇人を遙かに超える二五〇〇〇人が詰めかけた。原子爆弾の投下により広島市は焼け野原になっていた。西練兵場跡には被爆者、被災者がバラックを建てて生活していたという。広島市が代替住宅を用意したが、市民球場の建設後もまだバラックは残っていた。市民球場一帯は戦後の広島の匂いを最後まで漂わせていた一角だった。達川はその空気を鼻腔にたっぷりと吸い込んだ一人である。

達川の少年時代、カープは球団創設以来、常に下位を低迷する弱小球団だった。それでも優勝を諦めたことはなかった。

「首位と二〇ゲームぐらい離されても、(シーズン終了まで)二五試合ぐらい残っていたら、(残り試合)全部勝ったら優勝するんじゃないかって。新聞読みながら希望持っとったよ」

達川は一九五五年七月一三日に広島市で生まれた。父親は小さなタクシー会社を経営していた。駐車場には一〇台ほどのタクシーが停まっていた記憶があるという。

「一応経営者ではあったけど、儲かってはいなかった」

五人きょうだいの下から二番目。兄二人と姉一人、弟が一人がいる。

「正確には六人きょうだい。長女は私が生まれたときには海で溺れて死んでいた。五人きょうだいって言われて育ってきた」

瀬戸内海に面した広島市は水に恵まれた街である。安芸冠山を源とする太田川が市街地で分流し、瀬戸内海に流れ込んでいる。川沿いの空き地や公園が達川たちの遊び場だった。

「幼稚園の頃から草野球の球拾いをやっていて、小学一年生ぐらいからは人数が足りないときに入っていた。当時は公園で野球をやってよかったから、土手の方に行って外野守れって言われたり」

自宅近くにカープの内野手、古葉竹識が住んでおり、サインを貰いに行ったこともある。後に古葉とは指揮官と選手という関係になるなど夢にも思っていなかった。当時は古葉さんのことは呼び捨てだったよね、と笑った。

「ちょうどテレビが白黒からカラーに変わる頃やったんかな。広島戦はなくても、巨人戦は全部（中継が）あった。長嶋さんの物真似したり、王さんの一本足打法を真似たり、野球を中心に物事が進んでおった」

やはりいつもカープの帽子を被っていたのですかと訊ねると「野球帽を買う銭がなかったんだもん」と首を振った。

「小学四年生から新聞配達しとったぐらい。今は児童法かなんかで、小学生（が働くこと）は禁止かもしれんけど、昔はいっぱいやっていたよ。中三まで朝五時に起きて新聞担いで配っていた。今思えば、足腰の鍛錬になったね」

その稼いだ金を握りしめて、広島市民球場に通っていたのだ。将来の夢はプロ野球選手になることだった。

本格的に軟式野球を始めたのは牛田中学校に入学してからのことだ。牛田中学校は一九六二年に分離したばかりの新設校だった。

「そんなに強くなかった。ぼくら前後の代でちょっと強くなったけど、それでも市の大会で一回戦に勝ったら大喜びみたいな。サードとかショートで出よったよね。四番？　昔は（打撃が一番）良いのが四番打つっていう感じはなかった。良いのが一番打ったりしていた。（自分は）一番打ったり、二番打ったり、いろいろやったよね」

高校は地元の広島商業に進んだ。

広島商業は一八九九年に設立された広島商業学校を前身としている。硬式野球部は一九一六年の第二回、夏の甲子園に初出場、一〇回大会に当たる一九二四年に初優勝している。達川の入学時点で春の選抜に一度、夏に四度優勝経験のある強豪校だった。プロ野球選手になるためには甲子園に出場することだ。近隣にあった広島商業を選ぶのは自然なことだった。

肩の強さに自信のあった達川は高校では投手をやるつもりだった。入学前の春休み、投手志望の新入生が集められた。

「十何人いたかなぁ。みんなに投げさせる。それで春休みが終わったら全然（投手の練習に）参加させてくれない」

投手失格と評価されたのだ。投手としては上背がなかったこともあったろう。

「中学校のときはびっくりするぐらい小っちゃかった。当時は食べ物が悪かったからね。高校入ったときは一六八（センチ）、六五キロしかなかった」

広島商業の練習、そして上下関係は厳しい。例年、野球部に入ってくる新入生は約七〇人。そのうち三年生まで残っているのは十数名程度。

「練習時間は長いし、俗に言う体罰みたいな上下関係も厳しかった。ただ自分の場合は殴られることはあんまり気にならなかった。きょうだいが多くて、子どもの頃から沢山喧嘩していたから」

ただ、と付け加えた。

「朝早くて夜遅い。朝五時に起きて一四、五キロの距離を自転車必死で漕いで、六時には学校に着いとったね。一年生はグラウンド整備。その後、（上級生の）朝練の手伝い。ボールを投げて、ティーバッティング。この下手くそって思いながらやっていた」

放課後の練習は一五時半から始まる。

「六時間目（の授業）から学ランの下にはアンダーシャツ、途中からソックスとか履いてたもん」

緊張感のある授業、寝とる場合じゃないよねとにやりとした。授業が終わったと同時に野球部員たちは先を争うようにして教室を飛び出す。

「掃除当番以外は（授業終了を知らせる）鐘が鳴り終わった頃には部室に着いておった。早かったよ。三時半には（グラウンドに）出て完璧に準備できていた」

野球部のグラウンドには照明設備があったため、練習は夜遅くまで続いた。

しかし――。

「一年生のときはフィールドの中に入ることがまずないもん。（同級生では）ピッチャーの佃（正樹）、（内野手の）金光（興二）、はピックアップされて行ったけど。何かの拍子に三年生の練習が早く終わったとき、たまにバッティング練習をさせてもらったぐらい。たぶん夏の大会までノックは受けたことはない」

夏の広島県大会が終わり、新チームが動き出すと達川にも出番が回ってきた。

二

「三年生が（野球部から）引退するじゃろ、二年生がたまたま修学旅行に行っていたの。（秋季）県大会と中国大会の間が三週間ぐらいあった。普通、野球部は修学旅行行かないんだけれど、その年は学校行事優先ということになった。一年生だけでシートノックをしていると、キャッチャーの奴が仮病つこうて休んだのよ。同学年でキャッチャーできるの一人しかいなかった。それでわしが呼ばれて〝お前、キャッチャーやれ〟って」

中学生時代、バッティング練習の際、順番で捕手をやったことはあった。しかし、それだけである。

「キャッチャーで（内野手たちと）ボール回しとかするじゃない？　同級生の誰よりも凄い球投げよって。監督にお前、ええ肩しとるのぉ、とか言われた」

（入部から）半年以上経っとるのに、どこ見とるんじゃって、と達川は大きな声で笑った。

ずいぶん後になって、監督の迫田穆成は以前から達川の強肩に目を付けていたと同級生から教えられた。

達川は大野豊との対談本『熱烈！　カープ魂』の中で〈そもそもキャッチャーをやらされたのは、数学の成績が良かったからなんじゃや。ワシの数学の成績を聞いて迫田（穆成）監督は「達川もバカじゃない」と思ったらしい〉とも語っている。

ただし、捕手はできれば避けたいと思っていたポジションだった。

「ずっと座っとらんといけん。あれが嫌で。ピッチャーの球もずっと受けんといかんじゃろ。ボールも当たるし」

キャッチャーだけはやりたくなかったんじゃと、不機嫌そうな顔を作った。

一一月六日から始まった中国大会で達川は控え捕手としてベンチに入っている。

「たまたま一番手のキャッチャーが骨折して、二番手が高血圧で倒れたのよ。だからマネージャーやっていた人がキャッチャーに戻った。でも肩が弱くて、セカンドまでようやく届く、みたいな感じ」

広島商業は県大会で優勝していた。来春の選抜大会の中国地方の出場枠は三つ。広島商業は組み合わせによるが一勝、あるいは二勝して準決勝に進出すれば、出場権をほぼ確定することができた。

監督の迫田が警戒していたのは、右投げの好投手、杉本義勝を擁する山口県の柳井高校だった。

「迫田さんがジョークで柳井だけは引くなよってマネージャーにプレッシャーを掛けとったら、本当に引いちゃったんよ」

先制したのは広島商業だった。『中國新聞』を引用する。

〈一度は先を越された柳井が五回には2四球と暴投で1点。さらに四球と杉本の安打で一気に追いついた。六回には塩田のタイムリーで勝ち越した。

広商は二回、白石の三塁打を足場に、得意の足で揺さぶりをかけ、原田、斎藤の短長打で逆転した。しかしその後は杉本の外角速球とシュートにはぐらかされた。投手陣は11四球を出す乱調ぶりで、結局は投手力の差が明暗を分けた〉（『中國新聞』一九七一年一一月七日）

三対五の敗戦だった。

試合には出場したんですか、と聞くと「出てない」と即答した。

「キャッチャーフライが全然捕れんかったもん。なんでか分からんけど、捕れん。上向いたら目が回るというか、ボールがどこに行くか分からなくなる。三半規管が悪いのか知らんけど、ぱっとマスクを取って上を向いたとき、どこにボールが行くのかという判断が全然できなかった」

ノーセンスやったなぁ、としみじみした口調で言った。

これは記憶違いだった。『中國新聞』には達川が交替出場、二打席〇安打〇打点と書かれていた。四球の多い、荒れた投手陣の球を困惑しながら受けていたはずだ。

柳井も準々決勝で松江商業に敗れ、選抜の出場権を逃している。翌夏、柳井は山口県大会を勝ち抜き、甲子園に出場し準優勝している。

一方、広島商業は翌年の夏の県大会、二回戦で崇徳に三対六で敗れた。試合記録に達川の名前はない。三番目の捕手の扱いだった達川はベンチにも入っていない。

さらに、新チームになったとき、達川は捕手から外された。

「お前、駄目じゃ言うて。（性格が）キャッチャー向きやないって」

もう一つの理由は主戦投手の佃と相性が悪いと思われたからだ。

「よう喧嘩するって言われたけど、仲は全然悪くない。悪かったことは一度もない。言い合いしとったのが、喧嘩しているように見えたんじゃない？」

秋季大会、広島商業は前年に引き続き県大会を優勝し、中国大会に進んだ。一回戦の山口水産戦、達川は五番右翼手として先発、二打数〇安打で途中交代。試合は五対二で勝利している。

準決勝と決勝は同じ一一月七日に行われた。準決勝の鳥取県代表の境に六対一で勝利、達川はやはり五番右翼手で先発しているが無安打。

決勝は広島商業の佃と松江商業の中林両投手による投手戦となった。広島商業が二回に二点を先制したが、松江商業が三回に一点、七回に二点を加えて逆転した。

八回表、広島商業――。

〈川本、楠原が左、中と連打すると、バント守備の裏をついて果敢な重盗を成功させて無死二、三塁。大城がスクイズを決めて手堅く同点としたあと、達川の中前適時打で勝ち越した。あの追い込まれた場面で、冷静な読みをし、中林を一気に攻略したのは見事〉（『中國新聞』一九七一年一一月八日）

達川は勝ち越し安打を放った後、ベンチに下がっている。

「守備は下手やけ、勝っていたら守備要員（と交代）。ほっとしよった」

松江商業を四対三で下し、優勝。広島商業は四年ぶりの選抜出場を確実にした。

三

広島商業の監督だった迫田とスポーツジャーナリストの田尻賢誉との共著『力がなければ頭を

使え　広商野球74の法則』に達川の名前が出てくる。

〈「2年秋からキャッチャーで使うつもりだったけど、どうもちゃらんぽらんで。サードとか内野をやるタイプじゃないし、外野しか行かれん。外野ならレフトに行けと」

達川は秋の県大会から中国大会の準決勝まで15打数1安打と不振。甲子園に行くと、ベンチ入りは中国大会までの16人から14人に減る（当時）。迫田監督の頭には、達川を外す選択肢もあった。だが、中国大会決勝の松江商戦で好投手の中林千年相手に決勝のタイムリーを放つなど、3打席ともバットの芯でとらえたことで迫田監督の考えが変わった。

「1級下のキャッチャーを使ったんですが、肩は甲子園で通用せんなと。県大会、中国大会、甲子園とレベルがあるんですよ。（中略）達川は甲子園で通用する肩は持ってる。打撃力もあるからと、キャッチャーに戻したら本人もすごく勉強した。キャッチャーにはあわせないけん、こうせないけんというのを外野で見とって、全然違うキャッチャーになったんですね」〉

達川は短い〝外野手時代〟をこう振り返る。

「外野からキャッチャーやりたいなぁ、外野嫌じゃなぁって思って見ていた」

かつて嫌で仕方がなかった捕手に愛着が出てきていたのだ。

「選抜（出場が正式に）決まる前ぐらいに（迫田から）キャッチャーやれって言われた。嬉しかった？　いやいやキャッチャーやらんかったらメンバー入れないぞって言われたからね」

そう言うと、渋面を作った。

七三年春の選抜大会前、『毎日新聞』の出場校紹介記事はこんな出だしで始まっている。

〈レギュラー一人を残しただけのチームで昨秋の中国大会優勝を仕止めたナゾは？　投手力か、打力か、それとも運なのだろうか〉

前年夏の県大会で先発出場していたのは楠原一人のみ。広島商業はがらりと選手を代えて中国大会を制覇していたのだ。一風変わった練習内容を見た記者はこう書く。

〈バッティング練習が始まった。捕手がつき、その後ろには審判員もついた。ランナーがつく。投手は補欠の左腕。一球打ったら打者も全力で走る。みごとなスライディングをやってのける。塁から塁へとクルクル、クルクル回る機動攻撃の展開である。カーブは多用しないが、実戦さながらなのである。「なるほど……」これで半分わかった。失点は少なくしようと懸命に守り、ランナーは一つでも余分の塁を盗もうとハッスルする。野手も走者も判断が悪かったら即座に反

省の声が飛出す。一時中断、すぐまた再開される。これだけよく野球がわかっていると思い知らされた〉

常に実戦を想定した練習、そして選手たちが率先して互いを注意する雰囲気作り――迫田の指導方針が現れている。

〈とくに打球のタマ足の速さには快感をおぼえた。一番金光、三番楠原、四番大城、六番浜中の当たりはきわだって鋭い。これらは30試合で3割から4割以上の打率をマークしている。投手は技巧派だった津村に頼もしいほどの球威が加わった。器用で安定したタイプである。左腕・佃のカーブも出色。どうやら中国大会優勝は運だけではなかったようである〉（一九七三年三月一一日）

甲子園での初戦、広島商業は静岡商業を三対〇で下した。達川は七番打者として三打数一安打一四球という成績だった。二回戦は中国大会決勝の松江商業との再戦となった。

お互いに手の内を知る両校の対決は渋いものになる。〇対〇で迎えた七回、広島商業は先頭打者が四球で出塁。捕手が後逸した間に走者が二塁に進む。犠打で送った後、一死三塁で達川に打順が回った。

三ボール〇ストライクからの四球目、達川はスクイズを決めた。まさかこのカウントからスクイズをしてこないだろうという松江商業の裏を掻いたのだ。安打〇で挙げたこの一点が決勝点となった。

続く日大一高戦も一対〇で凌いでいる。これらは無欲の勝利であったと達川は強調する。

「キャッチャーになったとき言われたのは、（配球は）心配するなと。監督が全部（サインを）出してくれたんよ。全球出してくれた。余裕なんかなかった。余裕どころか、訳分からんかったよ。ただロボットのように監督の出してくれたサインに従ってボールを受けていただけ。おお勝った、勝った、勝った、みたいな」

続く準決勝では江川卓を擁する作新学院と対戦することになった。

四

江川は同世代の人間が仰ぎ見る太陽のような存在の男だった。いや、太陽では表現が足りない。彼の圧倒的な才能を見て、生き残り方を考える、あるいは彼の陰に埋もれてしまう、という意味で前後多くの選手の人生に影響を与えた男だった。自らの動きにより周囲の惑星の進む先まで変えてしまった絶対的な太陽と言ってもいい。

江川は一九五五年五月、福島県いわき市で生まれた。達川と同じ年である。鉱山技師であった父親の仕事の関係で、少年時代を静岡県浜松市で過ごした後、栃木県小山市に移る。中学生時代からその能力は評判になっていたという。そして多くの高校の誘いの中から作新学院を選んだ。

一年生の夏、栃木県大会の準々決勝で完全試合を達成したが、準決勝で敗れている。続く秋季大会の県大会は優勝。しかし関東大会では一回戦で敗退、翌春の甲子園出場は逃した。

江川の名前が全国に轟《とどろ》いたのは、二年生の夏だった。県大会の準々決勝まで三試合連続ノーヒットノーランを記録。しかし、またも甲子園には手が届かなかった。準決勝の小山戦で延長一〇回までノーヒットノーランで抑えたが、一一回裏にスクイズで一点を奪われ〇対一で敗戦。この公式戦三六イニング連続無安打無失点という記録は未だに破られていない。

二年生の秋季大会で作新学院は県大会、そして関東大会で優勝。ようやくこの「怪物」が甲子園に姿を現わしたのだ。

開幕当日の『スポーツニッポン』は一面に江川が投球する写真を載せ、〈きょうから「センバツ」江川（作新）争奪戦も開幕〉と大見出しを打っている。

江川は大学進学の意向であるとされていたが、この逸材を見逃すまいとプロ野球のスカウトがネット裏に集まっていた。

〈大会前からこれほど有名になった選手はめずらしい。昨年騒がれたジャンボ仲根、そして〝甲子園の星〟太田も大会前はさほどもてはやされる存在ではなかっただけに江川はそれだけ荷が重い〉(一九七三年三月二七日)

この時点では江川の実力にまだ懐疑的であることが分かる。その評価を決定づけることになったのは、初日の第一試合に行われた大阪府の北陽戦だった。北陽は参加校中最高のチーム打率、三割三分六厘を残していた強打のチームだった。

試合翌日の『スポーツニッポン』である。

〈マウンドにのぼった江川は冷静だった。興奮の色もなければ動揺もない。快速球をびしび し決めて三者三振。ファウルチップが一つあっただけである。

2回になって一塁側スタンドにファウルが飛んだ。すごい歓声が起こった。〝当たるじゃないか〟そんな感じだった。4回の二死までの11のアウトが全部三振。2回にすでに一点を奪った作新の勝利は早くにして決まったも同然だった。(中略)

『すこしは打たせろ』『全然練習にならない』内野手からも外野手からも注文が出た。それは江川に楽に投げさせようとするナインの思いやりでもあるのだが、事実、内野手は存在価値がなかったからでもある〉（一九七三年三月二八日）

二対〇の完封勝利。〈江川だ　19三振だ〉という大きな見出しが付けられている。

広島商業の選手たちはこの試合を観客席で観戦している。試合前、江川が投球練習を始めると、選手全員が思わず息を呑み込んだ。凄い、速いという声が出ないほどの球だったのだ。

達川は捕手のミットの位置を凝視していた。

「普通、キャッチャーのミットは構えたところから（捕球する瞬間）下に落ちる。江川のはミットを上に弾きあげよった。ものすごう速い」

ありゃ、頭に当たったら死ぬぜと隣に座っていた選手と顔を見合わせた。

作新学院は二回戦で福岡県の小倉南、そして準々決勝では愛媛県の今治西に勝利している。圧巻だったのは今治西戦だった。優勝候補の一角とされていた今治西を相手に、江川は八者連続三振を含む二〇奪三振を記録。被安打はたった一。

前出の『力がなければ頭を使え』によると、迫田は前年の夏休み頃から江川対策を練っていたという。

〈「その時代ですから、ビデオがないいんですよ。話は聞いても実際には見ていないいんです。見てないのに、『センバツに出て、江川と戦うんだ』と8月から江川対策をやりよるわけです」

迫田監督が江川のうわさを聞いたのは、プロのスカウトからだった。

「『関東にすごいピッチャーが出たぞ。今、プロに入っても15勝はできるだろう』と言われたんですが、ピンと来んのです。当時、プロ1年目だった鈴木孝政（元中日）投手と比較してどうですかと聞いたら、『それはモノが違う。もう一つ上だ』と。鈴木のことは対戦した監督さんに聞いたことがあったんですが、バントができないほど速いボールを投げたと言うんです。それより上なのかと。それは高校生が試合をして勝とうなんて気が起こらんじゃないですか。じゃあ、勝つ気を起こすにはどうするかといったら、いろんなことを考えて練習する以外ないですよね」〉

迫田の立てた江川対策はこんな風だ――。

まずは二塁、三塁に走者を出す。一点を獲られたくない作新学院は前進守備を敷いてくるだろう。内野手が塁から離れるため、二塁走者はリードが取りやすくなる。

打者はわざとスクイズを空振り。三塁走者はその瞬間、軽く塁から飛び出す。同時に二塁走者はスタートを切り三塁に向かう。捕手が三塁に送球すると三塁走者は全力で本塁を目がけて走る。当然、三塁手はすぐに捕手に球を投げ返すだろう。三塁走者は本塁のマウンド寄りに滑り込む。

球を受けた捕手はミットを三塁走者の躯に当てにいく。その隙を突いて、二塁走者が本塁のバックネット側に滑り込むというものだ。

江川は突出した投手かもしれない。しかし、捕手は普通の高校生である。スクイズを外したことでほくそ笑み、二塁走者にまで目が届かないだろうという考えだった。トリックプレーである。

達川はこの〝練習〟をよく覚えていた。

「今じゃから言えるけど、意味分からんかった。意味分からんけど、やれと言われたことは忠実にやっていたよ」

〝攻守〟の両方をやらされたことが印象に残っているという。

「最初はランナーをやりおるやろ。今度は〝代われー〟って言われて守備やるじゃない。守備やったら、（攻撃側が）何をやるか分かっているんだから、（捕手は）じっと構えていればいいわけよ。でも前のランナーを（追いかけて）タッチしたくなる。後ろのランナーが来るのは分かっているのに、それがなかなかできんのよ。あれで（自分も引っかかると）確信に変わるよな」

江川と対戦しても勝てると選手たちに信じ込ませたのだ。

「迫田さんは、（選手たちを）乗せるのが巧かったよのう。わしは指導者に恵まれたんよ」

ただし、迫田にとって誤算だったのは、選手たちがこの作戦を実戦で試してみたいと思ったことだった。

時計の針を秋の広島県大会決勝に戻す――。二年生の達川が捕手失格とされて、外野手で起用された大会である。

〈1対〇とリードした8回裏一死二、三塁の場面で動いた。スクイズを空振りし、三塁走者がアウトになる。すぐ後ろから二塁走者が来てホームイン――。見事に決めてみせたのだ。だが、これに慌てたのが迫田監督だった。

「驚きました。選手たちが勝手にやったんですよ。『バカ、何やっとんだ。これは甲子園のための作戦であって、こんなところでする作戦じゃない。記事にでもされたら困るだろう』と怒りました〉（『力がなければ頭を使え』）

審判は二塁走者が本塁を駆け抜けたのを見落としていた。そして、プレーを再開するときに走者がいないことに気がついた。審判団は協議の上、二塁走者が三塁走者を追い抜いたため得点は無効という判定を下した。追加点は認められなかったが、折角の作戦が新聞で報じられないと迫田は胸をなで下ろした。

五

作新学院との試合前、迫田は打者にホームベース寄りに躯をかぶせて立つように指示した。江川は一年生秋の関東大会で打席で耳に死球を受けて退場したことがあった。死球の怖さを知っている彼は内角に投げることを躊躇《ちゅうちょ》するはずだ。外角に的を絞れば、多少でもバットに球が当たる可能性が高くなる。二、三塁に走者を進めなければ、肝心の作戦を実行できない。まずは四死球で塁に出ることだ。そして球数を投げさせて疲弊させようと迫田は考えたのだ。

〈「これまでに3試合もやってきとるのに、江川がプレートを踏んだら球場がシーンとなるんですよ。守ってる選手も『江川が今からストライクを投げるから見とけ』という感じで。味方がそうですから敵もそうなりますよね。私がサインを作って、リズムを狂わすために『打席を外せ』とかやるんですが、それをできないヤツがおるんですね。『外しなさい』と言ってるのに、江川が投げようとしたら構えてる。球場のファンが、江川が投げやすいようにしてる。球場全部が江川の雰囲気でした」

独特の雰囲気の中で、広商打線は見事にボールを見極めた。2回に3四球を選ぶなど、5回までに104球を投げさせたのだ〉(『力がなければ頭を使え』)

達川は打席に立って江川の球を見て、首を捻っていた。北陽戦の観客席で見た投球と違うのだ。

「北陽戦は凄いと思って見ていたのよ。でもいざ立ってみるとそうでもなかった。あれーって。それでも凄いよ。躯は大きいし、(威圧感があり)すぐそこにおるなって感じ。ただ、手も足も出んというわけじゃないなと思っていた」

『毎日新聞』の夕刊も江川が本調子ではなかったと書いている。

〈この日の江川は、いつもと違って最初からおかしかった。〝怪物投手〟もやはりかたくなったのだろう。初回、二飛のあと2三振を奪ったが、いずれも2—3から。ボールが目立って多かった。二回には先頭の大城を2—0と追い込みながら、ファウルでねばられて四球。この無死走塁は大利がバントを空振り、二盗失敗という結果に救われたが、大利、浜中にも2—3から四球を出した。マウンドの江川は首をひねり、ベンチからは伝令が走る。つづく打者を三振、二ゴロに倒し、ピンチ脱出までベンチもかなりひやひやしたに違いない〉(一九七三年四月五日)

五回表、作新学院は死球で出た走者をバントで送り、中堅手前の安打で一点を先制する。いつもの江川ならばこれで試合は決まった、はずだった。

その裏、広島商業は二死二塁で九番に入っていた投手の佃が打席に立った。打てるはずがないと思い込んでいた迫田は好きにやってこいと佃を送り出している。それが功を奏したのか、佃の振ったバットに球が当たり、ふらふらと左翼線に落ちた。広島商業の初安打だった。その間に二塁走者は本塁に戻った。江川の自責点は一四〇イニングぶりだった。

再び、『力がなければ頭を使え』を引用する。

〈「無失点記録が止まると、判官びいきというんですかね。スタンドから歓声が上がった。球場がウチを応援する感じになってきたんですよね。『広商、結構やるやないか』とざわつきだした。江川はそういう雰囲気は初めてですよね。うるさいなという感じで、力んで放ってくれました」〉

そして八回裏、広島商業は四球とこの日二本目の安打で二死一、二塁とした。

〈二塁走者の金光とベンチの迫田監督の目が合った。「走りたい」と訴える金光の想いが伝わり、迫田監督は「ストライクならヒットエンドラン、ボールならダブルスチール」のサインを出す。3球目。金光がスタートを切った。捕手・小倉偉民が三塁へ投げるが、これが三塁手がジャンプ

しても届かない悪送球になり、金光が生還。広商は怪物をわずか2安打で沈めた〉

二対一の勝利だった。

敗れたものの江川はこの試合で一一個の三振を奪った、大会を通しての総奪三振数六〇は新記録である。

翌日、広島商業は横浜と決勝を戦っている。九回まで両校〇対〇で延長戦に入った。一〇回に横浜が一点を取るとその裏に広島商業も追いつく。一一回に横浜は本塁打で二点を挙げ、これが決勝点となった。横浜の二年生投手、永川英植は翌七四年のドラフトでヤクルトスワローズから一位指名を受けている。

甲子園を体験したことは達川を変えた。

「それまではなんとか練習から逃げよう、さぼることばっかり考えとった。江川と対戦したときに、こいつ凄いなぁって思った。夏、もっと凄くなるんやろなと。春はまぐれで勝った。なんで勝ったのか分からんもん。終わっていたら勝っていた」

夏の甲子園で再び江川と対戦し、今度はきちんとねじ伏せたいと思ったのだ。

「こいつは絶対にプロに行くと思うもん。今、プロに行っても一五勝は間違いないって新聞に書かれていた。プロに行くには同級生のこいつを破るしかないなと」

彼の桁外れの速球と対峙するには筋力が必要だった。

「当時はウエイトトレーニングとかなかったから、鉄の棒をさ、バンバン振ったよ。（練習用の）マスコットバットも五〇〇（グラム）重くして。それまでは下級生にしゃんとせいとか説教したりしていた。それからは一切下級生をかまうのをやめた」

トレーニングを続けた達川の躯は三年生の夏までに一回り大きくなったという。

六

そして高校最後の夏がやってきた。

県大会開幕前日の『中國新聞』では広島商業と崇徳の二校を優勝候補に挙げている。

春の選抜準優勝校として広島県大会は勝ち抜いて当然である。そう思われることに選手たちは重圧を感じていたという。

「あのときの県大会は苦しいなんてもんじゃない」

達川はそう言うと顔をしかめた。

「もうプレッシャーの塊じゃったよ。やっぱ人間って周りから期待されるとさ、すごいプレッシャー掛かっちゃうわけよ。勝って当たり前って思われると高校生だから凄いプレッシャーなのよ」

広島商業は一回戦の海田、二回戦の松永ともにコールド勝ちで下している。しかし、三回戦の庄原実業に苦戦した。二点を先制したものの、三回に三点を取られて逆転される。六回に同点に追いつき延長戦に入った。庄原実業とは前年の冬、練習試合で対戦したことがあった。そのときは二〇点ほどの大差をつけて圧勝していたという。

「普通にやりゃ勝てるんだけれど、みんなガチガチでさ、つまらんエラーしたり、ファーボール出したり。向こうが打ったのがイレギュラーしたりさ。ちょっと気が抜けておったんよ」

延長一四回裏に一点を挙げて、四対三の辛勝。

「相手が弱かったから勝てたけど、もうちょっと強かったら、あんな戦いしとったら負けとった。野球っていうのはそれぐらいの差があっても一発勝負は分からんもんよ」

準々決勝の府中戦は五対〇。これも広島商業が本来の力を出せばもっと差がついてもおかしくなかった。

そして準決勝の尾道商業戦では先発の佃が一回表から躓く。

「エラー続出、ピッチャーもストライク入らん。いきなり四点も取られた。ヤバいなって感じよ。その後のバッターの火の出るような打球はピッチャーライナーでランナーゲッツー。もっと点が入ってもおかしくなかった」

ぎりぎりのところで踏みとどまった広島商業にはつきがあった。

「なんかしらんけど、（尾道商業は）一年生を投げさせてきて、それが自滅してすぐに二点取ったのよ」

一回裏、広島商業は二点を返している。そして三回と八回にも一点ずつ加えて同点。延長戦に入った。そして延長一〇回裏、先頭打者が内野安打で出塁。盗塁と内野ゴロで走者は三塁まで進んだ。そしてスクイズでサヨナラ勝ちした。

この準決勝は広島市民球場で行われていた。

「この試合の後に広島（東洋カープ）対ジャイアンツのナイターがあるんで、この回で終わらんかったら再試合。ぎりぎりじゃった。（一〇時試合開始で午後）二時ぐらいに終わった。もうこれ以上延ばされんて」

なんとか決勝に進んだものの、気は重かった。決勝で対戦する崇徳には春の県大会で完敗を喫していたのだ。

「広島じゃナンバーワンっていう、左のピッチャー、藤原がいた。そいつが手も足も出ないぐらいいい球を投げる」

藤原仁はこの年の秋、ドラフトで大洋ホエールズから七位指名を受けるが拒否し、駒澤大学に進む。駒澤大学を二年で中退、日本楽器からドラフト外で八〇年に阪神タイガースに入った。

〈試合開始三十分前からすし詰めになった内野スタンド。いよいよ決勝戦だ。ノックが終わってプレーボールまであと五分。畠山部長、迫田監督、ナインが背すじをピリッと伸ばし、目を閉じて精神統一―最後の戦いを待った。「きょうが最初、そして最後だ」迫田監督の大声がベンチに響いた。ナインはかけ声もろともホームプレート前に飛び出した。

プレーボール。応援団もこれが最後とばかりに休む間もなく選手を元気づける。前半五回までは好投手藤原の前にノーヒット。佃のピッチングも今一つ波に乗らない。迫田監督がさかんに指示を送る。肩を上げて―低めを―と懸命なゼスチュア。スコアブックをながめる顔も、心持ち不安気だった。しかし、六回、一死から3連続四球で絶好の先制機を迎えた。「ワッショイ、ワッショイ」と肩を組んで大声援の三塁側スタンド。ベンチにも活気がみなぎってきた。敵失にも恵まれたものの4点という大量点〉(『中國新聞』一九七三年七月三〇日)

その後、八回に二点を失ったものの、四対二で勝利した。

「(六回の攻撃は)ノーアウト満塁でショートゴロ。ショートが投げたボールをキャッチャーがど真ん中でスルーしてさ。まあエラーで勝ったみたいなもん」

試合後、なんとか甲子園出場を決めたという、ほっとした気持ちで達川は自転車に乗って家に戻っていた。崇徳高校の前を通ったとき、藤原たちの姿が見えた。旧太田川沿いにある崇徳は、市民球場からの帰り道にあったのだ。

「崇徳の前の土手で藤原たちが集まって話をしよったんよ。あいつらから〝おーい、甲子園でも頑張れよ〟とか言われた」

今日は調子があまり良くなかったなと達川が話し掛けると、藤原は腹部を指差してこう言った。

「お前らラッキーよ、昨日まで絶好調やったのに、今日腹痛を起こして力が入らんかった」

藤原は体調を崩していたのだ。そのとき、達川は迫田から口酸っぱく言われていたことを思い出した。

「わしら腹八分にせぇとか、温かいお茶を飲めとか、大会前はいっぱい食うなとか、すごい言われていたもの」

いっぱい食うなって言われても、そりゃ腹いっぱい食いよったけどな、と声を出して笑った。

「でも生ものを食うなとか言われていたので、気をつけていた。広商はそういう管理意識が強かった。高校生なんてそんなレベルなんよ。自己管理が難しい。迫（田）さん、（野球部部長の）畠山さんのコンビは、過去に痛い目に遭っとるから。絶対に（甲子園へ）行けるというときにエースが自転車で転んだりとか」

迫田たちの経験の蓄積、そして執念が崇徳の監督たちよりも少しだけ勝っていた。その差が甲子園出場を引き寄せることになったのだ。

七

そして夏の甲子園を迎えた。

広島商業は初戦で福島県の双葉と対戦。甲子園初出場の双葉を一二対〇と難なく下している。続く徳島県の鳴門工業戦も達川の安打をきっかけに先制点を挙げ、三対〇で勝利。

広島県大会と一転して力が抜けていたことが良かったと達川は振り返る。

「もう甲子園に行ったら楽勝よ。表向きは、選抜が準優勝やから夏は優勝しようというのはあったよ。でも後で聞いたらみんな県大会が終わってほっとしたって言うとったもん。甲子園行けただけで良かったって。だから逆に無心じゃった。勝ちたいっていうのがない。負けたら終わりじゃし、一試合一試合全力を尽くそうって。だから夏の甲子園では一回戦からきっちりした野球ができたんよ」

この頃には、ベンチにいる迫田に頼り切りではない、達川の捕手としての原型が出来上がっている。その一つは〝ボールを呼ぶ〟ことである。

「ピッチャーの調子が出んときに、キャッチャーは黙っとったらいかん。さあ来い、でもいいし、どうした、でもいい。大きな声を出してボールを呼ぶ」

球が走らない、調子が出ないときにマウンドの佃が達川に「呼んでくれ」と頼んだことから始まったという。檄を飛ばすことを「ボールを呼ぶ」と二人は名付けたのだ。

作新学院も栃木県大会を勝ち抜いていた。江川は県大会でノーヒットノーランを三試合で記録。強豪校はどこも江川対策を練っていた。

作新学院は初戦から苦しめられる。初戦の福岡県の柳川商業は、四番打者以外はバントの構えからバットを引いてバットを振るという「バスター打法」を取ってきた。バットの振りが小さくなり、球を当てやすいという考えだった。このバスター打法が功を奏したか、柳川商業は六回表に一点を先制。江川にとって一四六イニングぶりの失点だった。七回、作新学院は同点に追いつき、試合は延長戦に入った。延長一五回裏に作新学院が一点を挙げ、二対一で辛うじて勝利した。

二回戦の銚子商業戦は二年生の右腕投手、土屋正勝との投手戦となった。雨の中、試合は〇対〇で延長戦に入る。降雨による五分間の中断後、再開。一二回裏、雨により手元が狂ったのだろう、江川は満塁から四球を出してしまう。この一点により甲子園を去ることになった。この試合の観客席には夏の県大会まで主軸を打っていた一年生の篠塚利夫（後に和典と改名）がいた。入学直後から二塁手で起用されていたが、県大会前の練習中に左肘を骨折したのだ。

翌年のドラフトで土屋は中日ドラゴンズの一位指名、翌々年のドラフトで篠塚も読売ジャイアンツの一位指名を受けた。

話を広島商業に戻す――。

広島商業は三回戦で大分県の日田林工を三対二、準々決勝の高知商業を七対二で破った。達川は高知商業戦の六回に本塁打を打っている。高知商業は初回に三失点を喫した後、二回から二年生投手がマウンドに登っていた。この投手――鹿取義隆は明治大学を経て、七八年のドラフト外で読売ジャイアンツに入り、西武ライオンズに移籍する。

「（本塁打は）一本だけよ。公式戦は後にも先にもあれ一本だけよ。翌年から金属バットになった。だから木のバットで（甲子園）最後のホームランがわしなんよ」

この大会一〇本目の本塁打だった。そしてこれ以降の試合では本塁打は出ていない。

後年、この話が記事になった。すると、新聞記者がこれは〝事実〟ではないと言ってきたという。

「翌年、篠塚が木のバットでホームラン打ってますって。今もそうじゃけど、木と金属、どっちも使ってええんよ。でもどっちを使うかというと金属を使う。そうやろ？　でも篠塚はプロに入ろうとしたのか、木のバットを使っていた。それで本塁打を打ったらしい。篠塚とはオールスターに出とったときは、たいがい近くに座っとるけん、ジョークを言ったりしていた。あいつは控えめやから、俺には（直接）クレームつけてこんかったよ」

広島商業は準決勝で埼玉県の川越工業、そして決勝で静岡に勝利し、五度目の日本一となった。『朝日新聞』は〈甲子園大会を顧みて〉という特集の最後で捕手に触れている。

〈好捕手がこんなにそろった大会もめずらしい。水野（静岡）達川（広島商）の決勝進出組をはじめ、木川（銚子商）山本（岡山東商）西岡（鳴門工）安岡（高知商）小倉（作新学院）三苫（日田林工）大富（高鍋）山倉（東邦）らは大型で強肩、それにチームの主力を打っていた。捕手は〝扇のかなめ〟のたとえがあるが、このポジションがしっかりしていたチームが多く勝ち残ったのは偶然ではないだろう。好打者のグループにあげた田鍋を含め堀場（丸子実）も将来が楽しみな捕手だ〉（一九七三年八月二四日）

東邦の山倉和博、丸子実業の堀場秀孝たちは後にプロに進むことになる。捕手の当たり年でもあったのだ。

八

夏の甲子園を優勝したことで、広島商業の選手たちの進路は明るいものになった。広島商業と繋がりが深かったのは、法政大学だった。

「甲子園終わったらすぐにセレクションを受けに行くじゃない？　最初は法政に希望を出したんじゃけど、佃、金光、楠原の三羽ガラスが上から実力で決まった。わしも六大学に行きたいなと思って、明治（大学硬式野球部）のセレクションを受けた。すると（監督の）島岡（吉郎）さんから、野球は上手やから英語勉強しろって言われた。何思って言うたんか知らん。馬鹿じゃけえ、英語勉強していないと思ったんかもしれん。それしか言われなかった」

達川は島岡の真意を今でも測りかねている。

「とにかく明治からは、あんまり強い誘いはなかった。それで学校に戻ったら、進路どうするって言われた」

達川は「もうどこでもいいっすわ」と答えた。すると駒澤大学、東洋大学、亜細亜大学の三校ならば、セレクションを受けなくても入れるという。

「亜細亜は二期上のキャッチャーがおるけん、お前の方が巧いから追い抜いてしまうのでやめとけと。駒澤か東洋のどちらかを選べと言われた。まぁ、野球できりゃ、どっちでも良かったんじゃけど。（二校とも）毎年二人ずつ先輩が行っておったんよ。どっちの先輩が優しいかなぁって考えて、東洋に決めた」

そんな単純なところよ、と達川は大笑いした。

ただ、頭の片隅にはドラフト会議で指名されるもしれないという淡い希望があった。達川はこう言う。

「一応、プロからの誘いはあったという話よ」

一一月二〇日、東京の日比谷日生会館でドラフト会議が行われた。この年は予備抽選を行い、選択指名順を決めるという方式だった。一位、三位、五位といった奇数順位は予備抽選の一番から、偶数順位は一二番から選手を指名していく。指名選手数の制限はない。

響《どよ》めきが起こったのは予備抽選六番の阪急ブレーブスが、大学進学を表明していた江川卓を指名したときだ。即座に江川は入団を拒否している。

「当時はドラフトの中継なんかなかった。次の日、新聞見て、ああ（自分の名前が）ないわーって」

わざと大きく顔をしかめてみせた。

「そりゃ、プロに行く気はあったよ。江川の他に山倉（和博）も指名されとるけん。南海（ホークス）の二位やったか」

山倉もプロ入りを拒否し早稲田大学に進学している。

「あの年はなんか知らんが大学指向がみんな強かったのよ。慶應に何人も受けたりさ」

広島東洋カープから二位指名された崇徳高校の内野手、福井文彦、ロッテオリオンズ三位指名の自動車工業高校の捕手、袴田英利なども大学進学を選んでいる。

また、滝川高校の、中尾孝義、丸子実業の堀場秀孝、静岡高校の植松精一、水野彰夫は慶應義塾大学進学を目指して、江川と共に受験合宿を行っている。

そんな中、阪神タイガースから六位で指名された習志野高校の内野手、掛布雅之がひっそりとプロ入りを選んだ。

ちなみに江川たちは全員慶應大学を不合格。急遽、江川、植松、水野は法政大学を受験し入学している。堀場と中尾は浪人を選び、翌年、堀場は慶應へ、中尾は慶應に落ちて専修大学に進んだ。

さて――。

東洋大学に入ると達川は初めての寮生活に辟易していた。

「まあ、厳しい言うても広商の上下（関係）に比べたら大したことはなかった。でも折角（高校で）三年生になったのに、また下級生からやろ。試合に出たいとかよりも早く一日終わらんかなと思いよったもん。（関東に出てきて）右も左も分からんで。ホームシックになるじゃろ。はよ広島帰りたいなって」

また四年生投手の球威にも手を焼いた。投球練習の球をきちんとミットでつかまえることができないのだ。

「えらい速かった。捕れんのよ。一五〇キロは楽勝で出とった。化けもんじゃったよ」

速いし怖かったと大きく目を見開いた。

東京ガスを経て、七九年にドラフト外で西武ライオンズに入る下手投げ投手、松沼博久である。達川は入学直後の春季リーグ戦からベンチに入っている。七四年の春季リーグは東洋と駒澤大学の二校が最終節の直接対決まで優勝を争った。駒澤が東洋に連勝し、二シーズン連続の優勝を決めた。秋季リーグも中央大学に続く二位に終わっている。

二年生のとき、松沼博久と入れ違いに、弟の雅之が入学してきた。雅之は入学してすぐに主戦投手に抜擢されている。

「弟がこれまたいい球投げるのよ。一年生のときから図抜けて良かったよ。他とはワンランク違う。入って来たとき、いじめちゃろかって冗談で思ったんだけれど、こいつ戦力になるなと思って一度も殴ったことはない」

本人は殴られたっていうかもしれんけどな、と笑った。松沼雅之には『ドラガイ』で取材している。彼は達川には本当に世話になったと感謝していた。そのことを伝えると、そうかと嬉しそうな顔で頷いた。

「シュートが抜群に良かった。まっすぐ、カーブ、スライダー気味の横のカーブ、フォークも捕れんぐらいのすごい球、投げおったよ。クイックもできるし、守備も上手いし、手の掛からん奴やった。その頃は二年生になっているし、レギュラー。上級生からあんまり怒られんし、もう辞めたい、帰りたいという次元を超えているわけさ。それで（雅之の球を）パッと受けたときに、ああ、これがおれば近いうちに優勝できるなと思たもん」

東洋大学はまだ東都大学リーグ一部で優勝経験がなかった。

二年生の春季リーグは二位と健闘したが、秋季リーグは五位に沈んでいる。優勝したのはいずれも駒澤大学である。駒澤は四年生の中畑清、そして一年生の石毛宏典がいた。中畑はこの年のドラフトで読売ジャイアンツから三位指名を受けることになる。石毛はプリンスホテルを経て、八〇年のドラフト一位で西武ライオンズに入る。

秋季リーグで未だにはっきり覚えているのは日本大学戦の延長一二回に捕球できず失点、敗戦を喫したことだ。

「二アウトでランナーがサード。パスボールで負けた。相手は佐藤義則。あれもええピッチャーだった」

達川よりも一学年上の佐藤は翌年のドラフト一位で阪急ブレーブスに入ることになる。

九

達川の見立て通り、松沼雅之の才能は翌七六年の秋季リーグで花が開く。達川が三年生、松沼が二年生のときだ。

松沼は春季リーグからの連続無失点記録を更新し続け、秋季リーグで勝利を重ねていく。バックネット裏には松沼を視察するためプロ野球球団のスカウトが集まるようになっていた。

「（自分も）ええとこ見せないけんなぁと思っていたのよ。そうしたら合宿所でちょっと滑ってさ、コンタクト（レンズ）を水道に流してしもうたのよ」

達川は視力が悪く、高校時代からコンタクトレンズを使用していた。

「当時は一つしかなくて、控えはなかった。それで片目でやることにした。やるしかないじゃん。まだ若かったからさ、センスでカバーできるって思っていた。そうしたら三回ぐらいパスボールしたんよ。それであいつの連続無失点記録を途切れさせてしもうたんよ」

わしがきちんとしとったら、もっと記録は続いていたよと顔をしかめた。

〈土壇場の九回、駒大は飯田の安打と中川の四球などで一死一、三塁とし、代打斎藤が左中間に二塁打して1点。なおも二、三塁の一打同点とつめ寄った。三連覇の実績を持つ駒大ならではの抵抗だろう。

しかし、松沼も負けていない。無失点記録が消えると力がぬけてしまう投手は多いが、松沼は浅田を低めのカーブで三振、石毛を遊ゴロにうち取った〉（『朝日新聞』一九七六年一〇月一三日）

新聞報道を見る限り、失点は達川の失策と直接結びついていないようだ。それでも自分の責任であると後悔の言葉を吐くのは、責任感の強い達川らしい、と言えるかもしれない。

試合は三対一で勝利したが、松沼の連続無失点記録は五六回三分の二で止まった。この記録は未だに破られていない。

「くそ面白くないなと思って、試合から帰ろうとしたときじゃ。広島のスカウトだった木庭（教）さんが〝おい、タツ。今日どうした精彩欠いていたな〟って声掛けてきたわけよ。あれ、広商の先輩でもあるし。わしはやかましいわ、と思って返事せんと知らん顔してバスに乗った」

木庭教は、ノンフィクション作家の後藤正治の『スカウト』にも描かれたカープの敏腕スカウトである。衣笠祥雄、山本浩二、高橋慶彦らの獲得を手がけ、カープの礎を築いた功労者の一人だ。

「そのとき、わしと松沼と一年生でサードやった奴と三人同じ部屋やったのよ。そいつが引き揚げるときに、木庭さんに〝今日、達川おかしかったなあ〟って言われたらしいよ。そうしたら〝実はコンタクトを流したらしいんですよ〟って。それでわしの目が悪いことが発覚した」

この秋季大会で東洋大学は初優勝を成し遂げている。記者投票による最高殊勲選手、最優秀投手、ベストナインはいずれも満票で松沼が選ばれている。達川もベストナイン、そして二割六分八厘で打率八位に入っている。

選手の揃った東都大学リーグの東洋大学で一年生から捕手を任されていた達川もスカウトから

目をつけられていた選手の一人だった。しかし、〝コンタクトレンズ事件〟以降、自分を見る目が変わったと感じたという。

「そんときは眼の悪いキャッチャー、眼鏡のキャッチャーは駄目とされていた。それまでは（コンタクトレンズ使用を）敢えて隠さんけど、いちいち聞かれない。聞かれんものは言うこともない。チーム内でわしがコンタクトを使っているっていうのも何人かしか知らんかった。スカウト同士で話はすぐに広まる。巨人はキャッチャー補強せないかんって、熱心じゃった。だけどパタっと来なくなった。一斉に引き揚げた」

さらに四年生の春季リーグ前に左足を怪我して試合を欠場している。

「内側側副靱帯っていうのを伸ばしてしもうた。早く病院に行きゃ良かったんじゃけど、そのときは治ると思うて、放っておいた。そうしたら治らんで、おかしいなと思って病院に行ったら、血が溜まっておった。血をバーッと抜いたら、一気にすっと治って、（リーグ戦の）最後の方はちょろっと出たけど」

この怪我によりスカウトの評価がさらに低くなった。

「もう一気に下がった。恐らく元々は一位、二位の評価じゃった。それが眼が悪いことと膝を怪我したことでぐんぐん落ちた」

春季リーグは四位、そして復帰した秋季リーグも五位というはかばかしくない成績で終え、ドラフト会議を迎えることになった。

ドラフト会議の中心は、法政大学を卒業する江川だった。川崎市木月にあった法政大学野球部合宿所の食堂が特設記者会見場として開放され、約一〇〇人の報道陣が詰めかけていた。江川は事前に記者会見を開き、ジャイアンツが希望球団であると公言していた。他球団が強行指名するか、どうかだった。

この日、達川は東洋大学の寮でドラフト会議のテレビ中継を観ていた。

「そのときはテレビ（中継）があったんよ。でも二位までやったかな」

この年も選択順位を決める予備抽選が行われている。一番はクラウンライターライオンズ、ジャイアンツは二番だった。ライオンズが指名しなければ、希望通り江川はジャイアンツから指名されるはずだった。ところが、ライオンズが江川を強行指名した。その他、法政大学からは捕手の袴田がロッテオリオンズ、達川と同じ広島商業出身の金光が近鉄バファローズから一位指名、外野手の植松精一が阪神タイガースから二位で指名されている。

「江川、巨人行きたい言うていたのに運がないのぉって。金光は〝わぉ、近鉄じゃ、どうするんかな〟と思っとった」

金光は地元の広島東洋カープを強く希望していたのだ。江川、そして金光はプロ入りを拒否することになる。テレビ中継が終わると達川は席を立った。

「わしのところにはスカウトから一切接触なかったから、掛かるかどうかも分からん。後輩に〝おい、パチンコ行ってくるわ、万が一なんかあったら鶴ヶ島会館に来いよ〟って」

プロから指名されなかった場合、社会人野球の本田技研和光に進む予定だった。しかし、望みはあくまでもプロ野球だった。指名されるといいのだがと思いながら、パチンコ台のハンドルを握っていた。しばらくして、店内に後輩が飛び込んで来た。達川を見つけると、「た、た、た、達川さん」と慌てた顔で駆け寄ってきた。カープから四位で指名された、すぐに寮に戻ってくるようにと監督が言っているという。

「ほんで〝分かった、今、（玉が）出よるけん、ちょっと待っててくれ〟って」

本当はその場で立ち上がりたいほど嬉しかった。

「ちょっと格好つけて、少し経ってから寮に戻った。そうしたら監督が広島四位じゃ、どうするって。とにかく広島帰れ、広島帰って親と相談せえって」

帰省の必要はなかった。

「親父に電話したら、すぐに判を押せって言われた。取り消されたらいかんけぇ、早く押せって。そりゃもう何位でも良かったよ。七位でも八位でも良かった。契約もどうでもいい。そんなものを度外視してプロに入りたかった」

ずいぶん後になってから木庭がドラフト会議の舞台裏を教えてくれた。

それによると会場でカープは大洋ホエールズと隣り合わせのテーブルだった。四巡目の指名前、ホエールズのスカウトから、達川をどうするのだと耳打ちされたという。ホエールズは五巡目での指名を検討していた。

「カープは当初、六番目か七番目で考えていたらしい。どうしても獲らんといけん選手じゃなかった。大洋もそう。ただカープは（地元出身の）金光を（二巡目で）獲るつもりやったのに、（バファローズ監督の）西本（幸雄）さんがバーンと一位で行った。近鉄はノーマークやった。（地元）広商出身の二人ともよそに獲られたら大変なことになるって、右往左往していた。それで（達川を四位指名で）行くわってなった」

そして「壁って知っているか」と言ってぼくの眼をじっと見た。ずいぶん前に同じことを訊ねられたことを思い出した。相手は達川と同じ捕手出身の野村克也である。

野村は五四年に京都府の峰山高校からテスト生で南海ホークスに入った。そのとき、お前は壁だと言われたという。つまり、壁のように投手の球を受け続けることだ。ブルペンには一定数の捕手が必要になる。壁として野村は採用されたのだ。そして彼は〝壁〟から這い上がり、二度の三冠王など球界を代表する強打者となった。壁については野村から聞いていると答えると達川は深く頷いた。

「壁として獲ったキャッチャー。練習要員じゃ」

ドラフト翌日の『中國新聞』はこう報じている。

〈広島が4位に指名した東洋大・達川光男捕手（二二）＝179センチ、73キロ＝は二十二日、東洋大合宿所で「広島でやってみたい」と広島入りの意思を表明した。

同捕手は「一応、お世話になった人に相談して」と注釈をつけたが「今季はケガをして成績は悪かったが、同じ捕手の山倉や袴田には負けない」と早くも闘志満々。

広島にいる家族も広島の指名を大歓迎していることから入団は決定的だ〉（一九七七年一一月二三日）

カープの一位指名は広島県の盈進の左腕投手、田辺繁文。二位は沖縄県の豊見城の投手、下地勝治。三位は柳川商業の外野手、林正毅だった。上位指名は全て高校生だった。

十

指名からしばらくすると達川は自分に付けられた順位を噛みしめるようになった。

「順位は何番でも良かったけど、一位、二位、三位が高校出やったけぇ、こいつらには絶対に負けられんなぁというのは心の底にあったよ」

キャンプで人が自然と集まるのは一位の田辺と二位の下地だった。

「下地が豊見城で甲子園出て、すごい人気で女性ファンが凄かった。取材は田辺と下地の二人。（それ以外の）わしらはもう、入った瞬間に忘れられていた」

わしら、の中にはドラフトで指名された選手以外も含まれる。達川と同じ年の左腕投手が同時期にドラフト外で入っていた。島根県出身の日本海側育ちらしい控えめな男で、達川とはしばらく口を利くことはなかった。男の名前を大野豊という。

新人選手は高卒、大卒、社会人出身の区別なく「一年生」と呼ばれ、雑用をしなければならないというのが当時のしきたりだった。

「おい、一年生グラウンドならして帰っとけよって言われて」

プロ一年目は出場一二試合のみ。同じ年の山倉は開幕戦から先発捕手に起用されている。自分と引き比べて焦りは感じなかったのか。ぼくの問いに達川は首を振った。

「山倉は、開幕戦から堀内（恒夫）さんと組んで出とったね。焦るとかそんなもんは考えんのよ。その日をどうやって生きるかしか考えてないから。わしの野球生活だいたいそうよ。ライバルがどうとか考えたことはないもん」

翌七九年は四九試合に出場、しかし、三年目の八〇年は九試合の出場に留まっている。

「三年目あたりでクビになりそうやった。危なかった。わしの方が上手いのにと思うていても、元からおる人に気を遣いよったで。トレードの話もあったし」

他人の動向は全く気にならないとうそぶく達川も、その年の秋に行われたドラフト会議だけは注視していた。高校卒業時に一年浪人していた同級生捕手が社会人野球を経てドラフトに指名されることが確実だったからだ。専修大学からプリンスホテルに進んでいた中尾孝義である。

前出の『熱烈！　カープ魂』の中でこう語っている。

〈ワシは甲子園の優勝捕手といっても実力的には同世代の中でベスト10にも入っとらんかったしね。当時、一番すごかったのが中尾（孝義・元中日ほか）。ほかにも山倉（和博・元巨人）、袴田（英利・元ロッテ）、堀場（秀孝・元広島ほか）ら、いいキャッチャーがぎょうさんおったんじゃ〉

ドラフトの日、カープが中尾を指名しないように念じていた。

「中尾が広島に来たらもう終わりよ。来た瞬間に辞めとるよ。わしは足が遅いし、バッティングは非力。キャッチャー以外できない」

捕手のポジションはたった一つ。チームの要である捕手は経験を積むことが必要である。同年代の自分以上の評価の捕手が入ってくれれば、出番は完全になくなる。

この年、八〇年のドラフトの目玉は東海大学の原辰徳だった。横浜大洋ホエールズ、日本ハムファイターズ、読売ジャイアンツ、そして広島東洋カープが一位指名。くじ引きの結果、ジャイアンツが交渉権を手にした。そして中尾は中日ドラゴンズの単独一位指名だった。原の交渉権を逃したカープは社会人野球のデュプロ所属の川口和久を外れ一位で選んでいる。

なお、二年後の八二年シーズンオフに堀場がドラフト外でカープに入っている。達川は八二年から出場機会を増やしていた。堀場はポジションを掴むことができず、八六年に自由契約になり横浜大洋ホエールズに移った。

八六年に監督が古葉竹識から阿南準郎に代わった頃、達川はようやくこの世界で生き残っていけるという手応えがあったという。このシーズン、カープはセ・リーグ優勝。そして翌八七年は初めて全試合に出場している。

「そこまでは山中（潔）というキャッチャーと併用やったもん。もう必死。自分がどんな風になるか、全く分からんかった。その頃から全てが上手く回り出した」

山中は七九年のドラフト四位でＰＬ学園からカープに入っていた捕手である。

「キャッチャーが天職やのぉって思ったのはその頃。向いとったというよりも、キャッチャーしかできない」

八六年といえば、達川は三〇歳を超えていたことになる。彼は九二年に現役引退しているため、彼が主力だったのは七シーズンに過ぎない。しかし、カープの中で彼の存在感はそれ以上だった。

素質としては同年代で十番にも入っていなかった貴方がプロ野球の世界で生き残ったのはなぜだと思いますかと訊ねると、「強いて言うなら、ピッチャーにええのが揃っていたから」と鼻で笑った。

「川口、大野、北別府（学）、金石（昭人）、川端（順）、津田（恒美）。みんなええピッチャー。若菜（嘉晴）さんからよう言われたもん、〝お前、ええのぉ、いいピッチャーばっかり受けて〟って」

阪神タイガースや横浜大洋ホエールズなどの手薄な先発投手陣をやり繰りしていた捕手の若菜らしい言葉である。

「一番幸せなキャッチャーって言われよったけんのう。今、思うても自分がええキャッチャーだったんじゃなくて、運が良かった」

確かに達川の人生の節目では「運」が左右してきた。

同年代の太陽である、江川のいた作新学院に勝ったことも運が作用したからだ。それを知ったのは引退後のことだった。

達川は、江川そしてカープの後輩、野村謙二郎とプロ野球中継の解説をしていた。夏だったため、甲子園の話になった。野村から高校時代の江川について訊ねられた達川は「そりゃ凄いよ、全然ほかのピッチャーと違うよ」と語った。江川はそれをじっと聞いていた。達川の話が終わると、遠慮気味に「夢を壊して悪いんだけれど」と切り出したという。

「あの試合は雨で一日遅れたのよ。そのとき、あんたみたいにしつこい記者が宿舎にやってきて、ずっと取材しておったらしい」

そう言うと達川はぼくを指差した。

「取材に疲れて、もうしんどいけぇってソファで寝てしもうたらしい。それで首を寝違えたと」

前日まで絶好調だった。本調子ならば広島商業相手にも二〇個以上の三振を獲れたはずだと江川はにこりともせず言ったのだ。

「申し訳ないけど、あの試合で力いっぱい投げたことはないって。他の奴が言ったら生意気なことになるけど、江川だとそうならない。本当のそれぐらいのレベルやったよ」

あの試合で打席に立ったとき想像していたほど威圧感がなかったと達川が思ったのは、正しかったのだ。

しかし、達川が生き残ってきたのは運だけではないはずだ。ぶっきら棒で軽口を叩く達川は、自らのことを語るときは控え目になる。打者の心理を読み、裏を掻いてきた捕手出身に対しての取材は一筋縄ではいかない。

「いつまで取材するんや。今度からあんたの取材は受けんようにって（所属）事務所に言うておくわ」

取材が二時間に近づき、冗談とも本気ともつかぬような調子で達川はぼやいた。もちろん所属事務所には取材は二時間から二時間半掛かるとは伝えてある。

そこで質問を変えてみた。

あなたは現役後、監督、コーチとして選手に接している。そのとき、プロとして生き残る捕手にはどんな特徴があるのかと訊ねてみた。

すると彼はちょっと首を捻った後、こう答えた。

「心技体って言うけど、技術がある程度あったら、大切なのは心の部分。野手はチームが勝てなくても、自分だけ打っていればタイトルが獲れる。ピッチャーは自分の投げているときは勝ちたいと思う。でも一番勝ちたいと思っているのは監督なんよ。キャッチャーというのは監督よりも勝ちたいと思っていなければならない。その思いをどれだけピッチャーに伝えられるか」

達川は大学三年生のときにコンタクトレンズの使用が露見しなければ、ドラフト一位で指名されていた選手だ。ただ、ミットを構えながら、マウンドに向けて大声で〝球を呼び〟続けた彼は、ドラヨンの方がしっくりと来る。彼は誰よりも勝ちたいと念じながら、球を、そして運を呼び込んできた男なのだ。

達川光男（たつかわ・みつお）

1955年7月13日、広島県出身。広島商業高校では3年生時に春の選抜で準優勝。夏の甲子園では、全国制覇を果たす。東洋大学へ進学後、1977年、ドラフト会議にて広島東洋カープから4位指名を受け入団。1987年から正捕手として君臨し、以降3度のリーグ優勝へ導く。現役引退後は野球解説者として活躍。指導者としても広島、ソフトバンクや中日などを歴任した。

おわりに

本書は「ドライチ」「ドラガイ」に続くドラ・シリーズの三冊目となる。

このシリーズは、何人かの例外を除き、後から担当編集者経由で事実確認の連絡を入れることはあれど、原稿を仕上げるまでに話を聞くのは一度と決めていた。

ノンフィクションの作品はどのように取材するかと表裏一体である。

ぼくは長編ノンフィクションを書く際、その主人公には繰り返し、信頼関係を作りながら何度も話を聞いてきた。ドラ・シリーズはドラフトを中心に彼らの人生の一部分を切り取ることを趣旨としている。長編ノンフィクションとは違った手法を試してみたいと思ったのだ。

事前に資料を読み込み年表を作り、二時間から四時間ほど彼らと向き合う。一度きり、であると決めて臨むインタビュー取材は緊張する。人に何を、どのように訊ねるかは取材者の力量が問われるからだ。インタビュー取材とは、自らの器の大きさを問われる場でもある。彼らに自分の底の浅さを見抜かれたら終わりなのだ。

とはいえ、このドラ・シリーズの方々はみな親切で紳士的だった。本文に書いたように、「いつまで取材するのだ」と冗談ともつかぬ調子で言われたのは達川さん一人だった。その達川さんにも二時間以上話を聞くことになった。

インタビューが終わると、ぼくはいつも心地良い頭脳の疲れを感じながら、面白かったと背伸びをしていた。その会話の妙を生かすため、口調はなるべくそのままにしている。彼らの息づかい、取材の空気が伝われば、書き手として嬉しい。

このドラヨンには、「ドライチ」の大越基さんや元木大介さん、荒木大輔さん、あるいは「ドラガイ」の亀山努さん、松沼博久・雅之兄弟、大野豊さんが時折、顔を出している。既読の方は、彼らの物語を思い出すかもしれない。

三冊は別々の短編ノンフィクション作品ではあるが、知らず知らずのうちに野球を通じて結びつく男たちの星座にもなっている。野球が人を惹きつけるのはこうした人間関係があるからなのだと思う。

冒頭で触れたように、「ドライチ」「ドラガイ」に引き続き、滝川昂君が担当してくれた。滝川君、そして取材に協力してくださったみなさんに感謝したい。

二〇一九年九月　田崎健太

【参考文献】

桧山進次郎『生え抜き　タイガースから教わったこと』朝日新聞出版
桧山進次郎『待つ心、瞬間の力』廣済堂新書
平岩時雄『99％の人が速くなる走り方』筑摩書房
渡辺俊介『アンダースロー論』光文社
川相昌弘『明日への送りバント　一つ一つの積み重ねが人生の宝物になる』KKロングセラーズ
大野豊・達川光男『熱烈！カープ魂』ベースボールマガジン社
迫田穆成・田尻賢誉『力がなければ頭を使え　広商野球74の法則』ベースボールマガジン社

装幀・本文デザイン　三村漢（niwanoniwa）
DTPオペレーション　株式会社 ライブ
校正　株式会社 鴎来堂
編集　滝川昂、小室聡（株式会社カンゼン）

取材協力　株式会社ホリプロ、株式会社 RIGHTS.、
株式会社スポーツビズ、日本通運株式会社、
日本製鉄かずさマジック

田崎健太　たざき・けんた

1968年3月13日、京都市生まれ。ノンフィクション作家。早稲田大学法学部卒業後、小学館に入社。『週刊ポスト』編集部などを経て、1999年末に退社。スポーツを中心に人物ノンフィクションを手掛け、各メディアで幅広く活躍する。著書に『偶然完全 勝新太郎伝』(講談社)、『維新漂流 中田宏は何を見たのか』『真説・長州力』『真説・佐山サトル』(集英社インターナショナル)、『ザ・キングファーザー』『ドライチ』『ドラガイ』(カンゼン)、『球童 伊良部秀輝伝』(講談社 ミズノスポーツライター賞優秀賞)、『電通とFIFA サッカーに群がる男たち』(光文社新書)、『全身芸人』(太田出版)など。

twitter:@tazakikenta
http://www.liberdade.com

ドラヨン なぜドラフト4位はプロで活躍するのか?

発　行　日　2019年10月29日　初版

著　　　者　田崎 健太
発　行　人　坪井 義哉
発　行　所　株式会社カンゼン
〒101-0021
東京都千代田区外神田2-7-1 開花ビル
TEL 03 (5295) 7723
FAX 03 (5295) 7725
http://www.kanzen.jp/
郵便為替 00150-7-130339
印刷・製本　株式会社シナノ

ISBN 978-4-86255-529-8
Printed in Japan
定価はカバーに表示してあります。

ご意見、ご感想に関しましては、kanso@kanzen.jp までEメールにてお寄せ下さい。
お待ちしております。